亞洲紀行

旅行詩

新加坡之夢

AUS INDIEN

Hermann Hesse

1

蘇伊士運河之夜

郵輪飽受蚊子騷擾已有兩個小時，天氣很熱，航行在地中海上時洋溢著的歡快氣氛以驚人的速度消失殆盡。許多人對紅海臭名昭著的酷熱著實心存畏懼，他們中的大多數要麼剛剛結束短暫的休假和遊覽返回家鄉，要麼第一次出國遠行。對後者來說，家鄉現在才開始遠去。東方突然出現在他們面前，這裡天氣炎熱，遍地沙丘，太陽總是早早升起，還有蚊蟲肆虐，雖然要去掙錢並且因為要去掙錢，他們沒有人喜歡這個地方。只有在二等艙的餐廳裡，幾個年輕的德國人暢懷痛飲，其他乘客大多都已待在船艙中。塞得港[1]登船後便一路隨行的埃及檢疫官情緒低落地走來走去。我嘗試著睡覺。船艙很袖珍，我躺上床，頭頂上方電風扇嗡嗡作響，藍黑色的夜熱辣辣地透過圓形的小窗洞灑了進來，蚊子嚶嚶嗡嗡地唱著歌。自從駛離熱那亞[2]，船上沒有一夜如此安靜，幾個小時沒有噪音，除了一列火車漸漸遠去傳來微弱的滾動聲，它從開羅駛來，出現在荒涼遙長的路堤，幽靈般呼嘯著從近旁駛過，奇異地消失在這廣袤無垠不見樹木之地的蘆葦叢中。

發動機突然停止了轟鳴，這時我尚無睏意，不由得心中一驚。大家都靜靜地躺著。我穿上衣服，往上層甲板走去。四下裡寂靜無聲，從遠遠望見了西奈山[3]以來，月亮日益虧缺，遠處的探照燈掠過，蒼白的沙堆在它的目光下沒有生氣、黯然無光地仰望著，一望無際的黑色海面反射著耀眼刺目的光芒，沉重暗淡的月亮下，無數湖泊、沼澤、水坑和草塘在憂傷的平原上閃動著黃色的冷冽的光。我們的船停了下來，沒有呼喊聲，也沒有汽笛聲，一動不動地泊在那裡，著了魔似的，而這荒漠則充滿了慰藉人心的現實。

我在船尾遇到一名身材不高、舉止優雅的中國上海人。他身體筆直地倚著欄杆，一雙聰慧的黑眼睛追隨著探照燈，面露微笑，一貫迷人的模樣。他熟諳整部《詩經》，

⊙1 塞得港（Port Said）位於埃及東北、鄰近蘇伊士運河的港口城市。——編注

⊙2 熱那亞（Genova）為義大利北部港口城市。——編注

⊙3 西奈山（Mt. Sian）位於埃及的西奈半島南端，西奈半島則連接著地中海及紅海，蘇伊士運河即位於西奈半島西側。根據《聖經》，西奈山是上帝的使者從荊棘裡火焰中向摩西顯現之處，摩西即在此領受十誡。——編注

已經通過了各種中國的檢定，現在還通過了好幾門英文檢定。他用流利的英語溫柔而親切地談論著水上的月光，向我恭維德國和瑞士風光旖旎。他毫無讚美中國之意，可是當他對歐洲不吝溢美之詞時，彬彬有禮的語氣聽起來充滿了優越感，就像是大哥哥善意地祝賀小弟弟擁有強健的臂膀。我們所有人都知道，這些日子裡一場新的大革命正在中國蓬勃興起，這革命或許會推翻帝制。矮小精緻的上海人對此知道的肯定比我們多，他此時身在旅途或許也絕非偶然。可是他像陽光下的山峰一樣平和明朗，出於禮貌表現得興高采烈，用愉悅的態度應對任何難堪的問題。我們大家都感到不解，而我也為之吸引。

岸邊出現了一個小小的亮影。那是一條白狗，牠沿著河灘跑了一小段路，伸長瘦削的脖子，向我們這邊張望。牠並沒有叫，而是怯生生地靜靜地看了一會兒，聞聞混濁的水，隨後悄無聲息地沿著筆直的河岸跑走了。

中國人談到了歐洲的語言，他誇讚英語方便易學，法語悅耳動聽，同時也深表遺憾，自己只學過一丁點兒德語，從未接觸過義大利語，說話時，他親切地微笑著，情緒不錯，聰慧的眼睛有些濕潤，目光緊緊追隨著船錨燈。

這期間，兩艘大汽輪緩慢而異常謹慎地從我們旁邊駛過。我們的船舶靠在岸邊。

這條大運河彌足珍貴並脆弱，如金子般備受保護。

一位來自錫蘭[4]的英國官員向我們走來。我們久久站在甲板上，看著這死寂的河水，月亮已經開始西沉。我恍然感到自己已離家多年。身邊沒有同我說話的，沒有讓我覺得親近和喜歡的，除了我們這艘還不錯的郵輪，沒有什麼東西能帶給我安慰。眼下我身邊的一切，不過是些船板、桅杆和燈光。航行了這麼多天，突然聽不到、感覺不到輪船那熟悉的心跳，讓我心中惴惴不安。

中國人跟英國官員聊起橡膠的價格，我不時聽到「橡膠」一詞，十天前我還不知道這個詞，現在卻如此熟悉，它是目前東方最流行的詞彙。中國人說話時客觀冷靜，保持著優雅和禮貌，蒼白的燈光下他一直在微笑，仿佛一尊佛像。

月亮宛如一張小小的彎弓，斜傾著，墜落在灰濛濛的山麓背後，沼澤和湖泊閃爍著的無數清冷、不懷好意的幽光也隨之消失，夜色濃重黑暗，探照燈發出的光如利刃般將它割裂，光柱同這條可怕的運河一樣，陰森駭人，無聲無息，看不到盡頭。

[4] 一九七二年改稱斯里蘭卡。——編注

2

尼科巴群島

多日以來，我們都沒有見到陸地，周圍只有藍黑玻璃般永恆的印度洋，驚起的飛魚，迸濺出一團團銀色和粉紅，烈日炎炎的天空沒有霧靄，也沒有一絲雲彩，夜裡星空浩瀚，深藍色的天幕繁光閃爍。可倫坡[1]到了，只見白浪滾滾，驚濤拍岸，其後是一片紅色的大地：塵土飛揚的紅色街道，五顏六色的房屋，光影在炙熱的驕陽下交錯搖曳，漂亮的古銅色肌膚的僧伽羅人[2]，瘦削英俊的面龐略帶憂傷，小鹿一樣的眼睛透露出溫順謙恭，遠處棕櫚樹的世界在颯颯風中搖曳，色彩斑斕的小鳥和蝴蝶在林中翻飛起舞，藍色的遠山巍峨挺拔。這一切有如黃粱美夢般曾經出現，又旋即消失，彩色的錫蘭，在它那五光十色炫目的外衣下，充滿了童話色彩，顯得如

⊙1可倫坡位於錫蘭島西南沿岸，是島上最大城市及商業中心。——編注

⊙2僧伽羅人為錫蘭主體民族，以佛教為主要信仰。——編注

此不真實。這些強烈並且有些戲劇感的印象突然再次沉陷，我們重又航行在無邊無際的海面，日復一日，夜復一夜。

如果不是一起吃飯或者晚間聚會，大家臉上都掛著稍顯憂傷的無聊和壓抑，那是經常出行的人慣有的萎靡以及疲頓至麻木的表情，這跟白人到了熱帶就擺脫不了的身疲力乏和無精打采如出一轍。大家都很有教養，安安靜靜地躺在甲板上的躺椅裡，穿著白色鞋子的雙腳搭在舷欄杆上，包括英國人、美國人和他們的妻子、德國商人和地質學家、來自馬尼拉的混血女子。大家都靜靜地躺著，泰然自若，沒人抱怨，不過每張臉都是一副極其呆滯的神情，只有幾個葡萄牙孩子興高采烈地跑來跑去。幾個年輕的德國人在一位澳洲老船長的帶領下，在吸菸室待了半天；我們在抵達檳榔嶼之前沒有德國啤酒喝，都是他們的責任，因為船上的酒被他們喝了個精光。他們搖晃象牙骰子發出的嘎吱嘎吱的摩擦聲穿過艙口，斷斷續續響了幾個小時，聽上去神祕莫測，像是做某種我們不知道的活計時發出的聲響。二等艙遮陽比較差，人們你挨著我、我挨著你地蹲坐在那裡，一張張疲憊不堪、帶有敵意的臉空洞無聊地盯著那永恆的寂寞的大海。只有當年輕的船醫面帶笑容地巡視，或者某位船副精神飽滿、目光中流露出些許譏諷地從一排排人群中走過時，才會點燃瞬間的歡快和好奇。這些船副和船員並沒有感到身處熱帶有何不同，他們不像我們那樣在這寂寞旅途中徒勞地殫精竭慮，感到迷惘和無所事事；這裡就是他們的家，他們在船上，就是在他們的家鄉，這裡飄揚著北德意志的風紀和規矩。[3]對這些海員來說，遠方黑黝黝的海岸線和亞洲喧囂的港口城市並不是希望、憂慮或者危險的所在，而僅僅是充滿異域風情、遍布污穢的角落，他們潔淨的郵輪幾乎無法容忍與它接觸，一離港便有人用抹布和流水把它的痕跡從船上清除得乾乾淨淨。可是我們其他人，我們只是乘客，郵輪對我們而言既不是家鄉也不是工作地，那些漆黑的海岸線、燈光閃爍的城市以及島嶼上因陽光灼烤而白蒼蒼的森林邊緣無不吸引著我們，但也讓我們感到危險。

一天上午，我俯靠在船舷欄杆上，心情憂鬱，獨自沉浸於神祕空曠的天際線的杳遠和哀傷：只有那黑色的大海無邊無際，上空是孤獨的太陽，燃燒著仇恨的烈焰，我們的郵輪在中間緩緩前行，不知所往，漫無目的！我們看不到的那個遠方，無論它是印度還是中國，美國還是檀香山，都沒有意義。我們面對的唯一的現實就是，我們像一個迷了路的小天體，飄忽遊蕩在荒涼浩瀚的太空，渺小而孤單。

這時，有人把手搭在我的肩上，一隻棕色的、毛茸茸的手，手指纖細柔軟，上面

⦿3赫塞乘坐的郵輪是北德意志—勞埃德航運公司的「艾特爾弗里德里希親王號」。——原注

戴著兩只亮晃晃的金戒指。原來是我的朋友史蒂文森，他朝我微笑著。在我認識的環球旅行者中，他是最不安分的，但也是最能夠自我克制的。我永遠忘不了跟他初次相識的場景：那是郵輪航行在紅海上的某一天，他，一個身材精瘦、皮膚曬成了古銅色的人，穿著一件褪了色、縫上補丁的薄西裝，站在一條帆船上呼喚我們的船，請求搭載他一程，身後還有個苦力拿著他的小背包。船上垂下懸梯，他輕巧敏捷地爬上來，頭上戴著的熱帶帽子已經變了形，上面汙漬斑斑，衣服撕扯得破破爛爛，身形消瘦，身上散發著一股非洲的味道。他就這樣加入了我們這群閒散無事、風度翩翩、一襲白衣的環球旅行者的行列！他伸出胳膊挽上我，拉我離開，向船的左舷走去，那裡的瞭望台上已經站著幾個乘客，他們平日裡窮極無聊，此刻興致盎然得有些誇張。

「您看見了嗎？」史蒂文森指著遠方問道。我使勁盯著看已有一會兒，的確看到一些東西，一些從未見過、看不出形狀、不真實的東西，但是毫無疑問，這些東西並不是大海。

「陸地？」我驚訝地問道。

「尼科巴群島（Nicobar Islands）。」他點點頭。

尼科巴群島？這個名字讓我突然間重返家鄉小城拉丁語學校裡那間昏暗的教室。幾十年前我還是個男孩，在那裡第一次受到老師責罵，就是因為我不知道「尼科巴群島」這個單詞，那是一個毫無吸引力的群島的名字，它位於蘇門答臘島以北、勃固灣以南，從地圖上看，宛如濺上的一道細密的水痕。

自那以後，我從未憶起這些偏遠的小島，大概再也沒有聽說或者提及它們的名字。倘若不是那位早已離世的老師責備過我，如今我對它也就沒有絲毫印象了。可是現在，我突然看到這一小片極其陌生的土地，偏僻而不為人知，我依稀還記得學校掛圖上它那模糊不清的形狀。它真真切切地出現在我的面前，雖然遙遠且渺小，但是輪廓逐漸清晰，島連著島，島下暗石交錯，島上群山連綿，柔美的山峰傲然挺立。那裡還有人煙，或許是一支馬來部落和幾個英國人。幾個小時以後，它們或許就會從我們的視野中消失。這就是尼科巴群島！

「您去過那裡？」我問我的朋友。

「沒有，迄今為止那裡還沒有什麼事情需要我去做。」

「是啊，」我說，「這樣頻繁旅行難道不會令人感到些許厭倦和沮喪嗎？您是到處都去過，您跟我講過德州和婆羅洲，講過馬德拉斯和庫頁島。連續多日躺在船上，向海裡吐口水，身邊都是疲憊不堪、虛弱無力的人，總是繞著地球往來於陌生的海岸線之間，最終就連地球都會讓人覺得渺小無用，一再重複這樣的生活，就不會打心底憎惡嗎？」

「沒錯，」他笑道，「有時候是很無聊。不過每個人都有自己的工作。我在地球上各大洲都探勘出了石油、鉛和錫。工作間隙，也就是那些旅行的日子，當然總是一樣的。不過當我在婆羅洲同二三十名苦力進行科學考察，或者在非洲南部連續騎馬兩三個星期時，就感覺不到無聊了。大概每個人都有類似的體會。例如您曾經告訴我，您是文學工作者。您投身於您認為重要的一些工作，在其中發洩情感，耗盡全力；工作完成了，您疲憊不堪，心中空空落落，那種急切的興趣沒有了，世界顯得空闊而灰暗。您坐在那裡，等候著，並且捫心自問，是否真的值得為整個人生殫精竭慮。這條船上的乘客也同樣如此，身在途中時，他們閒散無事，等候著檳榔嶼或者新加坡的出現，可是一旦抵達，您就會發現同樣是這群人突然間緊張急迫地站在打包妥當的行李箱前，呼喊挑夫和小船，收發電報，忽然又生龍活虎起來。」

「或許吧，」我承認，「但是在這裡他們畢竟無家可歸。他們的父母妻兒和朋友都在倫敦和阿姆斯特丹，他們在新加坡只有不動產，因為要靠這些不動產生利，所以無法脫身。」

史蒂文森微微笑著：「您還是剛到這裡。這會兒在您看來，船到熱帶時人們備感疲頓是一種特殊的疾病。其實並非如此。這就是閒出來的，健康的人即使假裝渴望此等清閒，也無法習慣。大可不必認真。」

「這也就是無家可歸啊。」我說。

他把帽子向下拉了拉，遮住棕色的額頭，說道：「您是自欺欺人。家鄉是一些不存在的東西。在家裡以及在家人之間，您也常常會有您現在感受到的這種沒有根的感覺。一個人的家鄉只會存在於他工作或者從事有價值的事情的地方，沒有這種價值感，他在任何地方都會覺得不舒服。不管他在哪裡做有益的事情，都不是為了私利而為，儘管他有可能認為這麼做是為了他的家人和他的國家，但不過都是他自己的假想。我們做事情，是為了人民而做，這樣的行為時常會帶給我們許多快樂，這就是對我們的回報。我們，全世界我們這些做事的男人，都是同志和兄弟。如果您，像我希望的那樣，是一位好作家，那麼您的兄弟就是所有和您一樣，在某個地方、某個時間致力於同樣事業的人，致力於淨化人的心靈或者如您現在想要稱之的事業。只要您屬於這個團體，家鄉就在您身邊。但是如果您離開這個團體，即使執掌國家議會，您也是無家可歸。我，如果您允許的話，覺得自己也是您的同志。您有助於理念的成熟和實踐，我幫著發現物質並且創建工作場地。幫助感情得到撫慰和昇華，或許也屬於您的工作範疇，對此，您懂的肯定比我更多。可是朋友，您看：這種船上的思鄉病，並不是人們所說的感情；我認為，它根本就不是感情，而只是一種多愁善感。」

此前他沒有跟我說過什麼令人耳目一新的話，此刻卻適時地給我上了一課。

史蒂文森在檳榔嶼就同我們告別了。我看著他如何從船上用英語和馬來語朝岸邊發號施令，隨後只見他鷹首一樣的黑腦袋上戴著那頂變了形的熱帶帽子，乘坐一輛人力車飛快地消失在這座人頭攢動的中國城。

3

亞洲的夜晚

夜幕降臨檳榔嶼[1]。落腳於東方大飯店，這是我在中南半島見過的最漂亮的歐式飯店，為我安排的是有著四個房間的豪華套房，陽台前棕綠色的海水拍打著圍牆，紅色的沙灘上樹木高大而威嚴地挺立在暮色中。許多中國帆船紅棕色、黃色的船帆就像筋強骨健的龍翼，在夕陽的最後一抹餘暉中熠熠發光，後面就是檳榔嶼海濱的白色沙灘、藍色的暹羅山，還有旖旎海灣中濃林密布的珊瑚小島。

我已在極其狹窄的船艙裡蝸居了幾個星期，現在首先要做的就是好好享受一下這寬敞的套房。我足足體味了一個小時。空氣流通的前廳裡擺放了幾張舒適的躺椅，我試著躺了躺，不一會兒，一個身材矮小的中國人悄無聲息地端上茶水和香蕉，他

⊙1又稱檳島（Pulau Pinang），馬來西亞西北部島嶼，現屬檳城州的一部分。——編注

有著跟哲學家一樣的眼睛，同外交家一樣的雙手。我在浴室泡了個澡，在更衣室洗了洗臉，然後來到華麗的餐廳，伴隨著悠揚的宴會音樂享用在這兒的第一頓晚餐，這家英式印度飯店的飯菜難以下咽，讓我略感失望。此間夜色已至，黑黝黝的，沒有一顆星辰，高大的不知名的樹木愜意地沉浸在溫潤的晚風中，樹葉沙沙作響，不認識的巨大的甲殼蟲、蟬、大黃蜂伴著小鳥特有的尖銳的聲調在四野裡歌唱、嗡鳴、尖叫。

我沒戴帽子，穿著輕巧的便鞋，走到寬闊的大街上，攔了一輛人力車，像去冒險一樣興高采烈地坐上這輛小車，淡定地用剛學的馬來語同車夫交談，車夫機敏強健，他聽不太懂我說的話，我也不大明白他在講什麼。在這種情況下，他的反應同所有人力車夫一樣，朝我微微一笑，那是亞洲人特有的充滿善意、深不見底的笑容，然後轉過身拉上車，邁著愉快的步子跑起來。

我們到了中心城區，一條條巷子、一個個廣場、一座座房屋都充滿著令人驚訝、無窮無盡的生活氣息，強烈卻又有些許嘈雜。到處都是中國人，他們是隱祕的東方統治者，到處都是中國商店，中國人的流動表演棚、中國的工匠、中國的飯店和俱樂部、中國的茶館和妓院。不時會看到一條聚集著馬來人或者吉寧人[2]的巷子，男

⊙2當地稱早期來到馬來西亞的印度人為吉寧人。——編注

人滿臉濃黑的大鬍子，纏著白色頭巾，裸露出古銅色的肩膀；女人面容安靜，臉上佩戴各種金飾，在火光中熠熠閃爍；深棕色皮膚的孩童肚子鼓鼓的，眼睛很漂亮，或笑或哭。

這裡沒有星期天，這裡不分晝夜；沒有結束，看不到休息。人們從容不迫、有規律地工作著，在任何地方都見不到緊張和誇張，無處不洋溢著勤勞和熱情。街頭小販輕盈而耐心地蹲在一塊搭高了的板子上，看著下方的售貨攤；理髮匠在喧鬧的街邊安靜而鄭重地理髮；二十名工人在鞋匠鋪裡敲敲打打、縫縫釘釘。一個穆斯林商人熱情地將漂亮的頭巾攤放在店鋪中一張張又矮又寬的桌子上，這些頭巾幾乎全是從歐洲進口的。日本妓女蹲坐在排水溝的石頭邊上，像肥肥胖胖的鴿子唧唧咕咕著。中國的妓院裡肅穆的神龕熠熠閃著金光，上面擺放著貢品。街道上方開闊的陽台上，年老的中國人蹲在那裡賭博，他們神色冷峻、眼光炙熱，沉浸在這令人興奮的遊戲中，還有人躺著，要麼休息，要麼抽菸，他們聽著悠揚的中國音樂，旋律極其複雜精準。廚師在巷子裡蒸煮煎炸，饑腸轆轆的食客三五成群，圍坐在長條桌前大快朵頤，在這兒花一角錢肯定不比我在飯店裡花三元吃得差。水果小販兜售著我完全不認得的水果，那是這富饒植被的不可思議的發明。小貨攤上點著蠟燭，特意照亮那少得可憐的幾樣商品，一小把乾魚或者三小堆茗葉。在這中國人尤為喜愛的華燈高照下，東方童話中的各種人物形象接踵而至，只是少了一些國王、大臣和劊子手的影子。同數百年前一樣，巧手的理髮匠理髮，塗脂抹粉的妓女跳舞，奴僕恭順地笑著，老爺傲慢地看著，挑夫和找工作的人一如既往地蹲在那裡等幹活，嘴裡咀嚼著茗葉，彼此講著故事。

我走進一家中國戲院。那兒，男人們靜靜地坐著吸菸，女人們靜靜地呷著茶，茶倌手提碩大的銅壺在他們的包廂前顫顫巍巍的木板上奔上跑下、輾轉騰挪，看得人提心吊膽。開闊的舞台上坐著一群樂師，他們為演出配樂，藝術地強化了劇情的節奏，主角步伐穩健有力，每邁一步都伴有鏘鏘的鼓點聲。正在上演的是一齣傳統古裝戲，我看不懂，而且也就看了不到十分之一，因為這齣戲很長，要連續演上幾天幾夜。演出的每個細節都考慮得很周到，進行過仔細的琢磨，劇情的編排遵循了傳統且不容改變的法則，在節奏上呈現出一種儀式性。演員的每個表情都很到位，專注而從容，每個動作都有程式，代表一定的意義，經過了精雕細琢，並且配合著充滿感染力的音樂。這戲棚雖簡陋，音樂和舞台形象的活動彼此協調，配合得天衣無縫，如此精準，如此和諧，絕非任何一家歐洲歌劇院所能及。有一段旋律簡單動聽，不時地在重複，這是小調的一種，曲調短促單一，我努力把它記住，可卻怎麼也記不起來。這曲調我後來又聽過千百次，我本以為那是同一音列，實則不然，它是中國音樂的基本旋律，有著數不清的變化，其中有一部分是我們幾乎聽不出來的，因為與西方音樂相比，中國音樂的音階有著更加細微的音差。干擾到我們欣賞的是鑼鼓使用得太多，除此以外，這種音樂非常優雅，夜晚時分從一戶充滿節日氣氛的人家陽台飄揚而出，聽起來富有生活樂趣，並且常常激情澎湃，酣暢淋漓，在歐洲只有好的音樂才能與之媲美。整個劇院裡，除了簡陋的電燈以外，沒有歐洲或外來的東西。一種徹底形成了自己獨特風格的古老藝術在這裡發揚延續著。

可惜隨後我忍不住又進了一家馬來劇院。那兒舞台布景醜陋不堪，顏色刺目，雜亂無章。這是一個叫謝克枚的中國人揣測著馬來人的原始天性，投其所好設計的，是對歐洲所有出軌藝術的一種模仿。整場演出充斥著滑稽和無望，有如在下等酒館裡的表演，觀眾被逗得樂不可支，但片刻之後便覺得再沒什麼看頭，感到無法忍受。馬來伶人身著惡俗的戲服又演又唱又跳，雜耍般演出著阿里巴巴的故事。此後，我在這裡隨處可以見到可憐的馬來人，像可愛柔弱的孩子，無可救藥地迷失在歐洲最惡劣的影響裡。他們用膚淺的技巧表演、歌唱，有著那不勒斯樂派的激烈，時而還會即興發揮，為他們伴奏的是一架現代風琴。

夜色已深，我才離開城中心，身後的街巷依然燈火通明、人聲鼎沸，這樣的場面會持續到半夜。飯店裡，一個英國人為了排解夜晚的孤寂用留聲機播放著上巴伐利亞地區的約德爾曲調[3]的四重奏。

⊙3 約德爾曲調（Jodeln），是一種傳統的山歌唱法，伴隨快速、重複地進行胸聲、頭聲間轉換的大跨度音階歌唱形式。最早源於阿爾卑斯山區的牧民用於呼喚牛羊群及遠距離交流的喊叫聲。——編注

4 丑角

我在新加坡又去了一家馬來劇院。這次我早已不再寄希望於在這裡看到馬來藝術和民族特色，或者除此以外還能做一些有價值的研究，而只是想趁著夜色怡人，像那些來到某個陌生的沿海城市的人一樣，晚上閒散無事，在酒足飯飽之後起了興致，去逛一逛雜耍劇院。

演員們技藝嫻熟，其中一人扮演的應該是歐洲人，他們表演的是一齣巴達維亞的婚姻戲，劇本是編劇根據報紙上的報導和法院的公告拼湊出的。幕間有歌曲演唱，伴奏的是一架老鋼琴、三把吉他、一把低音提琴、一個圓號和一個單簧管，表演既觸動人心，又詼諧有趣。女演員中有一位年輕漂亮的馬來姑娘，或許是爪哇人，在台上雍容雅步、風姿綽約。

引人注目的卻是另一位年輕女演員，她身材瘦削，扮演的是一個行為古怪的丑角。

她很敏感，異常機智，在所有演員中顯得鶴立雞群。這女子穿著一件黑色連衣裙，像是套了個大口袋，烏黑的頭髮上戴著化纖製的難看的淺金色髮套，臉上抹了白粉，右頰點著一顆黑痣。她化著這樣一副醜陋無比的乞丐的妝容，出演的是一個神經兮兮的配角，同劇情的關係微不足道，卻一直待在舞台上。這個角色是粗俗的小丑，她時而齜牙咧嘴，像猩猩一樣吃著香蕉，時而騷擾一下其他演員和樂隊，說個笑話打斷演出或者一聲不吭地模仿表演，猴子學樣般滑稽可笑，然後又局外人一般交叉著雙臂，在地板上一坐就是十分鐘，或者兩眼發呆，流露出漠不關心、病態的聰明和冷冷的輕蔑，或者緊緊盯住我們這些坐在前排的觀眾，眼神中帶著冷峻的批判。行為出現這種異常狀況的時候，她看著也沒有那麼怪異了，倒是顯得很憂傷，塗得鮮紅的薄唇因為笑得太多而疲累，也休息起來，仿佛周圍一切都與其無關，妝容醜陋的臉上雙眼冷冷地望著，憂傷，孤獨，又充滿了期待。跟她交談或許就像跟莎士比亞戲劇中的某個傻瓜或者哈姆雷特說話。直到某個演員的表情刺激了她，給她注入了活力，她站起身，不費吹灰之力地模仿這個表情，那種擊潰一切的誇張，足以讓其他演員失去信心。

然而這位天才女子僅僅是個丑角：她不能像其他女演員一樣吟唱義大利詠嘆調，

身上穿的是象徵身分卑微的黑裙，她的名字既不會出現在劇院的英文節目單上，也不會出現在馬來文節目單上。

5 橫渡

我從新加坡出發，乘坐一艘荷蘭的小型沿海輪船，跨越赤道，前往南蘇門答臘。此行一開始就不順利，行李在碼頭出了問題，旅程差點兒泡湯。我們隨身攜帶了許多箱子，由一艘小汽艇送上「布勞威爾號」，汽艇剛一離開碼頭，一艘稍大些的船便以追趕之勢急速向我們駛來，撞向了船舷中央，我們所有人倒成一團，甚至想到了跳海逃生。儘管任何事情都有可能發生，結果還是公道的，受損的是衝撞我們的船隻。它的船頭撞了個大洞，不得不折返而回。

在「布勞威爾號」上，頭等艙裡只有我們三個人，整艘船就像我們的私人遊艇。後甲板上為我們擺放了荷蘭製的舒適設施，一張配著老式的靠背椅的白色桌子，上面已經布置好了餐具，旁邊是四把讓人讚不絕口的亞洲躺椅，躺椅帶有木頭做的腳踏，可以把腿擱在上面，此外還有兩張簡單俗氣的長沙發，套著白紅相間條紋的沙發套。所有的服務都是馬來式的，三個殷勤周到、靈活漂亮的爪哇侍者很快為我們端上飯菜，這是船上第一餐，極其豐盛，主食是米飯。我此前在印度客棧連吃了幾頓中看不中吃的麵包，對這樣的飲食自然是滿心歡迎，感激不已。海峽殖民地以及馬來聯邦的飯店裡，到處都會受到中國侍者的招待，他們的服務很糟糕，也沒什麼人情味，跟中檔飯店裡的歐洲服務員差不多。這兒的爪哇侍者則不同，他們像敬業的護士一樣，時刻關心我們的身體狀況是否良好，看上去很忠心，又帶著點諂媚。他們一直殷勤周到地圍著我們轉，還沒等我們提出，他們便面帶微笑、不慌不忙地滿足了我們的任何需求，即使是最細微的需求：他們為我們端上飯菜，推薦最好的菜色，附上幾句稱讚之詞，神情卻很謙虛；我們每喝一口酒，他們便細心地將所有的杯子都斟滿，待到瓶中的酒所剩不多了，就體貼地平分給我們三人；他們為我們遮陽擋風；剛取出一支雪茄，他們便劃著火柴遞到旁邊。從所有的表情和行為上看，他們的服務既沒有表現出不樂意，也沒有表現出怯懦的奴性，他們在全然愉悅地從事僕役工作，那種謙恭和善意是發自內心的。

船身中部躺著三個中國人，他們一聲不吭地打著撲克。出牌的時候，誰拿了一副好牌，便滿懷希望興沖沖地甩出來；若是拿到一手爛牌，則聽天由命氣呼呼地扔過去。施瓦本的士兵、巴伐利亞的獵人和普魯士的水手打牌的時候也是這個樣子。一家來自東加爾（Tungkal）的馬來人躺在為旅途自備的竹席上，包括祖父、父母和四個孩子。孩子們很幸福，看上去衣食無憂，佩戴著項鏈和銀腳鐲。日落的時候，祖父找了個沒人的地方做禮拜，鞠躬、叩首、起立，緩慢而莊重地進行晚禱。他那衰老的脊背以相同的節奏彎曲、伸展，紅色的頭巾和灰白的山羊鬍子在剛剛降臨的暮色中顯得格外清晰。我們同兩位船副坐在一起，共進一頓可口的荷蘭晚餐。星星出來了，大海逐漸變成深黑色，原本還看得到那些小海島輪廓分明的影子，這會兒幾乎辨別不出了。我們靜了下來，原本想去睡覺，可是天太熱，於是所有人都安靜地坐著，一個個汗流浹背。

我們剛點了威士忌，話音未落，就見早就在甲板上睡著了的侍者中有個人一躍而起，跑去拿酒和蘇打水。

我們穿行在這悶熱的夜裡，從無數小島旁駛過，時而會接收到來自燈塔的問候。在黝黑炎熱的天空下，呷著溫熱的酒，抽著荷蘭雪茄，呼吸緩慢而不耐煩。我們有一搭沒一搭地聊著天，談論這艘輪船或者蘇門答臘島，談論鱷魚和瘧疾，沒有什麼重要的話題，時不時有個人站起身，走到舷欄杆旁，把菸灰彈到水裡，試著能否在這黑暗中看到些什麼。最後散了席，或在甲板上或在船艙裡各自躺下，身上不停地出汗。在這樣一個夜裡，大家都感到了旅途的疲憊，情緒也很低落。

清晨時分，我們已經跨越赤道，駛入了寬闊的河口，河水呈深棕色，是蘇門答臘島上大河中的一支。

6 佩萊昂

那些並非帶著商務目的去馬來群島的歐洲人，總是把一些作家筆下小島的迷人風景和充滿原始氣息的天堂般的純淨當作他們想像和期待的背景，即使他們根本沒有奢望實現這些願望。純粹的浪漫主義者偶然間也會發現這個天堂，也有片刻被大部分馬來人馴良的純真所吸引，認為自己也共享了一種珍貴的原始狀態。

我從未有過這樣自欺欺人的享受，但還是找到了一個遠離塵世的小甘榜[1]。在那裡，我去到原始森林做了會兒客；在那裡，我有著身處家鄉般的愉悅。在我的記憶中，它就是蘇門答臘島整個森林和河流世界的典型代表。這個生活著上百名居民的小甘榜叫佩萊昂（Pelaiang），坐落在占碑地區[2]的腹地，從這裡乘船溯流而上至占碑市需要兩天。占碑地區在當時還鮮為人知，絕大部分都是原始叢林，並且在不

⊙1甘榜，馬來語拼音為Kampong，意為村莊。——譯注

⊙2占碑地區（Jambi）現為印尼蘇門答臘東部的一省。首府占碑市，為巴當哈里河重要河港，亦是石油和橡膠重要生產中心。——編注

久前才太平下來。

我們四個人加上中國廚師高默克共住一間小竹屋，屋子建在高高的樁柱上，屋頂和四壁都由棕櫚葉編製而成，像個編織精緻的黃色鳥籠，懸在兩公尺半高的空中。我們喜歡這裡，過得同樣很開心。兩個商人估算著森林中的硬木能帶來多少收益。畫家[3]攜著水彩畫箱在岸邊走來走去，那些馬來女人令他有些慍怒，他想為她們畫畫像，不配合的恰恰是其中的漂亮女子，別說畫下來，就連從近處看一眼她們都不樂意。因為是白天，加上天氣的原因，我獨自在無邊無盡的叢林世界裡閒逛，就像置身於一本奇妙的圖畫書中。我們各幹各的事，用自己的方式應對蚊子、狂風暴雨、原始叢林、馬來人和永遠讓人透不過氣的又潮又悶的濕熱。熱帶雨林的夜晚總是降臨得很早，這時，我們大家始終聚集在敞廊上，或坐或躺，旁邊擺上桌子，點起燈。外面要麼雷電交加，暴雨咆哮；要麼蜂蟲嗡鳴，在透過窗孔注視著我們的原始森林中奏響一場激昂澎湃的昆蟲音樂會。可是我們很快就厭倦了這種原始和野性，我們想過舒適的生活，忘卻在熱帶要注意的麻煩的衛生問題，我們想讓心情愉悅，但對這個世界一無所知，於是我們有人躺著，有人坐著，從裝滿了四個大箱子的酒水中取出一瓶瓶蘇打水、威士忌、紅酒、白酒、雪莉酒和不來梅的鑰匙啤酒，盡情享用。

⊙3畫家是指漢斯·施圖爾岑埃格（Hans Sturzenegger, 1875-1943），瑞士人，是赫塞此行的旅伴，在這裡所畫的水彩畫是他最早的畫作。對此，他在一九一一年十月二十八日寫給友人的一封信中這樣描述道：「我暫時還沒畫人物畫，也很難有所涉足。在這裡找個模特兒不是件容易事，如果語言不通，就更難了。人們充滿了不信任，這種情況主要出現在蘇門答臘島上。每當我拿著畫箱試圖靠近他們時，他們都會驚慌失措地跑開……天氣讓我有些無精打采。在戶外工作一個小時，我就會明顯感到乏力。畫最小的那幅水彩畫也讓我覺得比在家作畫累上十倍。」——原注然後我們就去睡覺，舒適的睡墊鋪在地板上，上面掛著蚊帳，每個人腰上都束有羊毛護腹帶；或者就那麼靜靜地躺著，傾聽雨滴劈里啪啦落在桶裡或者輕柔地、像唱歌一樣從棕櫚葉屋頂滑落，直到清晨犀鳥和許多不知名的鳴禽唱響牠們自己的歌，猿猴用狂嘯聲歡迎白天的到來。

我走過六七間小屋，步入森林，腿上綁著粗呢裹腿，以防被水蛭和蛇叮咬，今年冬天在格勞賓登[4]我綁的就是這個裹腿。我隨即沒入粗硬的灌木叢，它橫亙在我與世界之間，比所有的海洋都更顯陌生、更易隔離。這時，安靜的小松鼠從我面前跑開，牠們很漂亮，有著黑色的毛皮、白色的肚子和紅色的前腿。體形碩大的鳥兒直勾勾地瞪著不馴服的眼睛，充滿敵意地盯著我。而後出現了成群結隊的猿猴，牠們或奔跑於遮天蔽日的綠色枝蔓之間，上躥下跳，充滿野性的快樂，或高高地蹲坐在樹枝上，發出一聲聲長嘯和哀鳴。巨大的蝴蝶熠熠閃光，時而有一隻搖曳著從我頭頂飛過，炫耀著牠的美麗。地面上，一小群爬蟲正在勞作。蜈蚣足有一呎長，牠們你推我搡，慌裡慌張急匆匆地趕路。到處都是壯碩的螞蟻，灰色的、棕色的、紅色的和黑色的，密密麻麻排成一列列長隊，有序地奔向共同的目標。腐爛的樹幹又粗又大，橫七豎八地躺在地上，遮蔽在形狀各異的高大蕨類植物和稀疏堅硬的荊棘叢

⊙4 瑞士東南部的一州。——編注

中。大自然在這裡不停歇地發酵，展現了令人震驚的富庶，表現出對生命和揮霍的瘋狂恣意，這種恣意讓我沉迷並幾近震驚。在這令人窒息的瘋狂繁殖中，也會有個別植物與眾不同，每當遇到這種現象時，我都以北歐人的情懷去專注地欣賞。這裡，偶然會看見一株參天巨木，被茂密錯雜的草堆和樹叢所包圍，像是高高在上的勝利者傲然兀立，樹冠可以供數千隻動物安居築巢，巍然的樹頂垂拂下筆直的藤蔓，安靜而優雅，像樹幹一般粗。

不久前，人們來到這片原始森林裡工作。占碑貿易公司第一個獲得了這片未曾開發土地的大規模森林開發權，開始在這裡開採硬木樹幹。有一天，我讓人帶我去了一個工地，那裡剛剛砍伐完粗壯的樹幹，我觀看了一會兒繁重的林業工作。那些樹幹有二十公尺長，像鐵一樣沉，一群苦力喊著口號，喘著粗氣，借助絞盤和手柄，用繩索和鐵鏈將它們拉起來，地上已壓出了一道道深溝，像泥沼一般，裸露出原始的地貌，然後給它們套上木質滾輪或者簡易滑座，拖過泥沼和茂密的荊棘叢，拖過灌木林和葳蕤潮濕的雜草地，一尺一尺地拖曳、停下、穩住，又繼續向前拖曳，每小時只能前進一小段路。我本想撿一小截從這種木頭上砍下的樹枝拿在手裡把玩，沒料到它卻那麼重，我雙臂使盡全力都提不起來。因為這種木頭很沉，所以運輸起來異常困難：這裡還沒有鐵路，唯一的路是河道，硬木卻又不能浮在水上。

這樣的勞動場景震撼人心、不同尋常，而當工作還是一種負擔、懲罰或者奴役時，觀看人們工作並不是什麼享受。可憐的馬來人不同於歐洲人、中國人和日本人，他們絕不會作為主人和企業主參與這樣的工作，他們永遠只會是伐木工、運輸工和鋸木工，他們得到的酬勞，幾乎全買了啤酒和菸葉、懷錶鏈和禮帽，又還給了外國企業主。

雖然有個別微不足道的不良商人試圖從這片原始森林中攫取財富，但它依然保持著那種原始狀態。鱷魚在河岸邊曬太陽，植物在濕熱的氣候下發了瘋似的不停生長。原住民在林中開墾出小塊土地種植水稻，兩年以後那裡就又長出了高高的灌木，六年以後又成為了高大的森林。

啟程前，我們把所有的空瓶子都沉到棕色的河水中。睡墊已經捲起，裹在竹席裡送到了船上，我們看見了那間黃色的竹屋，豎立在這片永恆森林的黑色邊緣，越來越小，拐過第一道河灣，這一切才消失。

7 叢林之夜

夕陽西下時分，我們結束了出遊，乘小船而歸，我們已經頂著悶熱的天氣，乘船順著棕色的河流在永恆的森林間穿梭了幾個小時，一個個都疲憊不堪。其間我們遇到了一艘小型中國汽輪，它每週都要往返一趟巴當哈里河[1]，這會兒正在駛往占碑回家的途中。我們射殺了幾隻鴿子和一隻犀鳥，並且拍攝到一間竹屋，前年曾在那裡開荒種植水稻，如今只剩下了這間小屋，屋裡住著一個馬來老人和他的妻子，任由熱帶叢林在四周瘋長。我們還抓到幾隻綠色的大蝴蝶，最後為了能趕在黑夜來臨前回到住處，不得不匆匆趕路。

停船靠岸時，大家因為擠在一起坐了很久，全都渾身僵硬，我們踏上竹屋前的排

⊙ 1 巴當哈里河(Batang Hari)是蘇門答臘島上最長的一條河流，流經占碑地區。——編注

筏，此時太陽剛好掛在森林上方，朦朦朧朧，河水泛起暗淡的微光，兩岸已經昏暗了，森林似乎從兩側傾軋而來，想將那一道道細長微弱的光嚴嚴實實地遮蔽起來。趁著夜色未至，還沒有鱷魚，我們正好在岸邊滿滿舀上幾桶河水沖個澡。換上件乾淨襯衫，來到寬闊的敞廊時，友好的中國胖廚師已經把準備好的晚飯端了上來。我抬頭一看，天已經黑了，陽台上燈火羸弱，我們的小屋在原始森林和陡峭的河岸之間顯得又漂亮又寬敞，柔軟的棕櫚葉屋頂在黑黝黝的天空中若隱若現。人們只有在熱帶才會知道什麼是黑夜。這深沉濃郁的黑暗，這沉甸甸黑黝黝的天幕，是如此美麗、陌生和充滿敵意，熱帶的中午比北歐熾熱多少、耀眼多少，夜晚就要深邃多少、黑暗多少。

我們圍坐在無法移動的大橡木桌旁，吃著油浸小魚和麵包乾，喝著荷屬東印度[2]產的各種口味濃郁、好喝但不健康的飲料。三個人天天待在一起，我們彼此並沒有很多話要說，大家都疲憊了，儘管剛沖過涼，很快又是一身熱汗。黑暗中，無數長著大翅膀的昆蟲在四下裡鳴叫，嗡嗡聲要麼空靈尖銳，要麼低沉厚重，聲音比弦樂隊演奏還要響。我們幫著中國人把桌子收拾乾淨，只留下瓶子。微弱的燈光若有若無地順著棕櫚葉編的牆壁流淌而下，灑入空蕩蕩的黑夜。獵槍倚門而立，邊上是捕

⊙2荷屬東印度，一八〇〇年至一九四九年由荷蘭政府所統治的印尼，首都巴達維亞（即今雅加達）。一九四九年，荷屬東印度作為印尼獨立。——譯注

蝶網。一人睡在吊燈下的躺椅上，捧著一本陶赫尼茨出版社的叢書要讀，另一人開始擦獵槍，我則用報紙折疊裝蝴蝶用的小袋。

不到九點半，我們就早早地互相道了晚安，進到屋裡。我脫下衣服，摸著黑迅速鑽進掛得高高的蚊帳中，伸開四肢躺在柔軟舒適的睡墊上，陷入半夢半醒之間，很久以來我都是在這樣疲倦的狀態下度過深夜。根本不需要閉上眼睛，若想分辨出四四方方敞開的窗孔在哪裡，我得花費很大的力氣，而且還需要強烈的意願。竹屋裡很黑，屋外也不比竹席和四壁之間亮上多少，但是可以感覺到充滿野性的大自然正在發酵，在它未曾中斷過的生長繁衍中沸騰，可以聽到無數動物的聲音，呼吸到繁枝密葉的草木清香。在這裡，生命價值不大，大自然不用養護，也不需要節儉慳吝。不過我們白種人已經在努力開發，我們有竹屋，建起了小甘榜，裡面居住著近一百個馬來人，他們得幫著我們從這永恆的原始森林中汲取所需。不久以前，這裡才開天闢地第一次響起斧子的砍伐聲和工作的喧鬧聲，聲音響徹灌木叢。這裡的原住民是深色皮膚的庫布人[3]，他們性格怯懦，不可能像北方奸詐兇殘的亞齊人[4]那樣長期堅持鬥爭，三年前在這裡進行野蠻無恥的巡邏時，還曾射殺過他們。黑夜裡，被害者的靈魂遊蕩在河流上方，可是只有他們的兄弟才會心生畏懼，我們白人平靜

⊙3庫布人（Kubu）是占碑以南的一支小部族。——編注

⊙4亞齊人（Aceh）是蘇門答臘島北部主要民族。——編注

而霸道地穿越原始叢林，用拙劣的馬來語下達著冷酷的命令，看著烏黑原始的硬木樹硬生生地倒地，這些木料要用來造船塢的。

我半睡半醒，迷迷糊糊地想像著，懸浮在夢境和現實之間，度過了又困倦又悶熱的幾個小時。夢中的我是個孩童，正在哭泣，一位母親輕搖著我，口中念念有詞，不過她說的是馬來語，我想睜開像鉛一樣沉重的眼皮，看看她，眼前卻是原始森林的千年容顏，它俯視著我，低聲地向我傾訴。是啊，我所在的這個地方是大自然的心臟，這裡的世界與十萬年前的沒什麼不同。人們可以將鋼索釘在高里三喀峰[5]上，可以用汽艇破壞愛斯基摩人漁獵活動，卻在短時間內還對原始森林無可奈何，無法戰勝它。在那裡，瘧疾吞噬了我們的人，鐵鏽噬蝕了我們的釘子和獵槍；在那裡，族群西化並且消失，新的混血族群踩著一堆堆屍骨不斷迅速湧現，生生不息。

突然間，一陣強烈的晃動將我驚醒。我從睡夢中一躍而起，再躺倒，又起身，此刻已然清醒，於是拉開蚊帳。一道非常耀眼的白色強光射來，晃得我目眩，片刻之後才意識到，許多閃電接踵而來，沒有間斷，形成了這電光。雷聲隨後呼嘯而來，連綿不絕，空氣異樣地流動，充滿了電子，我感覺得到它在手指間顫動。

迷迷糊糊中，我踉蹌著向窗戶走去，電光中，窗孔在我眼前搖擺，晃動的窗框就

⦿ 5 高里三喀峰（Gauri Sankar），藏語稱赤仁瑪峰，海拔七一三四公尺，位於西藏定日縣境內，坐落在喜馬拉雅山脈中段。——譯注

像火車疾馳而過時閃過的車窗。森林在兩步之遙處注視著我，如一片奔騰翻湧的海洋，形態萬千，那是枝枒、藤蔓、樹葉和鬚絲匯集而成的海洋，跌宕起伏，絕望地反抗著，閃電掠過其間，突然間直楞楞地刺傷它那顫動著的黑暗的心臟，它憤怒了，發出劈里啪啦的聲響。我站在窗邊，凝視著這翻江倒海般的陣仗，目眩神迷，我的感官異常清醒，感覺得到土地上蓬勃的生命傾瀉奔湧，揮霍耗費。我身在其中，歐洲人的思維和情感卻無法融入這恣意的洶湧澎湃，我好奇地注視著，想起了生命中的許多日日夜夜，想起了許許多多的時刻，因為就像在這裡一樣，我也曾站在地球上的某個地方，受到觀看這種奇觀的本能的引導和誘惑，注視著陌生的事物和現象。夜間站在蘇門答臘島上沼澤叢林的南部，觀看一場熱帶雷電暴雨，我絲毫不覺得毫無意義，也沒有一刻覺得會發生危險，而是有一種預感並且無數次看到，自己孤獨、好奇地站在距離這兒很遙遠的地方，驚訝地注視著無法理解的事物，我內心深處原有的無法理解以及非理性可言的事物與之同契，做出了解答。我正是懷著同樣一種激動並且袖手旁觀的感情，在年少時代看著動物死去或者蝴蝶破蛹，也曾懷著同樣的感情凝視瀕死之人的眼睛和鮮花的花萼，我並不希冀去解釋這些事物，只不過就想待在那裡，不錯過任何不同尋常的瞬間。在那個瞬間，總有一個響亮的聲音對我說話；在那個瞬間，我以及我的生命和感覺漸漸消失並且沒有了價值。因為相對於低沉的雷聲或者無法理解之事更深層的緘默，生命和感覺僅僅蜷縮成了一種微弱的和聲。

這個時刻到了，期盼良久的難得時刻，我佇立著，看見原始森林在無數道閃電發出的白光中忘記它的祕密並且因為極其恐懼而戰慄。此時此刻，有個聲音在對我訴說，同樣的聲音我曾經在生命中聽到過幾十次、上百次，例如在看到阿爾卑斯山峽谷的時刻，在穿越海上風暴的時刻，在滑雪場驟起的焚風呼嘯的時刻。我道不明它具體為何物，卻必定渴望去一再經歷。

突然間，一切都結束了，這比雷雨前的喧鬧更不尋常、更加可怕。沒有了閃電，沒有了驚雷，只餘下異常濃重的黑暗，一場肆虐、狂怒的大雨驟然而落。四下裡只有雨水啪嗒啪嗒沉悶地敲打著地面，被攪動的土地彌漫著欲望的氣息。我感到了深深的疲倦和睡意，竟然站著睡著了，跌跌撞撞地爬回到墊子上，再沒從睡夢中醒來，直到金色的太陽冉冉升起，森林中又一次回響起猿猴們此起彼伏的吼叫聲。

8

甲板之夜

這是我們乘坐一艘小型中國明輪汽船，沿巴當哈里河逆流而行的第二個夜晚。甲板上，我身邊是一名年輕英俊的爪哇裁縫，已經咯吱咯喳踩著那台勝家縫紉機，忙活了半天。他收起機器，攤開睡墊，緩緩做完一整套伊斯蘭教的晚禱功課，然後躺了下來，從腰帶中抽出一本阿拉伯語印刷的宗教小冊子，拿起來看，自言自語地低聲誦讀了幾頁，便睡著了。趁著迷迷糊糊尚未睡熟，他細心地又把小冊子塞回腰帶間，存放好。他的身後，飛煙裊裊升起的燈籠下面，三個中國人在打撲克，一個馬來婦女帶著四個孩子躺在旁邊的竹席上睡著了。其中一個孩子正好躺在燈籠紅色的微光裡，她是個漂亮的小姑娘，頭髮長長的，九歲或者十歲的樣子，她還沒有佩戴耳飾，不過纖細的手腕、腳腕都套有厚重的銀鐲子，雙腳的第二個腳趾都戴著金趾環。此外隨處可見有人在睡覺，有的睡著了，有的還處於半睡半醒的狀態，他們貼地而眠，保持著原始民族的睡姿，柔軟、靈活，愜意得像動物一樣。還有一個人坐著睡覺，或者說蹲坐在兩個腳掌上睡覺。人群中幾個男子圍在一處輕聲聊天。後面船尾的位置，巨大的輪子如同在磨坊裡一樣轟隆隆地轉著，外面夜色濃重，漆黑一片，鍋爐中燃著的木頭迸濺出火星，像轉瞬即逝的火花雨，不時地劃過夜空，將它映襯得更顯黑暗。

一個小時過去了，我仍然毫無睡意，於是想借著微光讀讀自己的筆記，讓自己從精神上與身邊彌漫的臭味隔絕。那是椰子油和香茅油散發的氣味，原住民用它們做飯，也會用它們塗抹身體，這氣味久久不能散去，汙濁了空氣，令人生厭。來到東方以後，唯有這種氣味會讓我真正地，甚至帶著幾分厭惡迴避原住民。

我在甲板上鋪開我的睡墊，用蘇打水漱了口，將懷錶上緊發條，按照每日的定量服用了奎寧，把鑰匙和錢袋藏到枕頭下面。我又拿了兩把椅子放在睡墊兩側，擋住頭部，以免夜裡被人踩到，然後緩緩脫下衣服，套上睡袍，躺了下去。這會兒中國人也結束了牌局，用一件麻布上衣罩住了燈籠。在輪船發動機單調的轟鳴聲中，所有人都在黑暗中休息了，這黑暗與椰子油濃烈、糟糕的氣味有著幾近相同的稠密、持久和強烈。船員時而在人群中發出喧鬧聲，時而猛地按響汽笛，讓嘶啞的笛聲穿透伸手不見五指的原始森林。躺了兩個小時，我依然沒有睡意，於是站起身，走到前甲板，舵工站在那裡，在一團黑暗中駕船駛入漆黑濃重的暗夜，熟練程度讓人覺得不可思議。他肯定像老虎一樣有一雙夜視眼，看著他駕駛方向盤，我心中隱隱有些害怕，因為我知道，我們正行駛在原始森林中一條大河的狹長航道裡，這條河蜿蜒透迤，曲折多彎，我竭力尋找，但是既看不到岸上有微光，也不見陰影。船長蜷縮著睡在旁邊。

我又躺下睡覺。天很熱，我所在的這一側船舷不通風，於是一而再、再而三地踢開護著赤裸雙腳的旅行毯，又因為蚊子叮咬一而再、再而三地把毯子重新蓋上。大約午夜前後，我才終於睡著。輪船經常會反覆拉響汽笛，當我被汽笛聲吵醒時，覺得自己已經睡了很久，然而此時才一點半。不時有熟睡的人被驚醒，踉蹌著坐起身來，大多數即刻又躺倒睡下，依然很安靜。有人站起身，將遮蓋在燈籠上的那塊布取開，光照下可以看到睡覺的人橫七豎八躺在四周。汽笛聲繼續鳴響，發動機停了，輪船掉轉了方向；我走到舷欄杆旁，突然看到了陸地，一排竹筏和一間蘆葦屋緊挨著船邊，隨著一聲輕輕的震動，輪船泊在了岸邊。船上沒有燃料了，需要裝載木頭。

河岸很高，兩個黑皮膚的人手持火把沿著陡峭的台階走下去，火把冒著煙，是用乾枯的葉子捲在一起做成的，並且在樹脂中浸潤過。排筏上垛了幾大堆劈柴，很快開始運木頭了，我就這樣觀看，尤其是傾聽了兩個小時。在火把的火光中，船員跟搬運木頭的苦力排成兩行，將那數千塊劈柴一塊接一塊地傳遞，交貨人用洪亮的聲音唱歌一般逐塊地清點數目。他不斷用馬來人那種柔軟、舒緩、悅耳的聲音唱出已運送的劈柴的數目，旋律自由歡快，並且不停地變奏，聲音穿透了黑夜和湧動的河水：ampat-lima！lima-anam！anam-tujoh！（四——五！五——六！六——七！）他就這樣以不變的節奏工作、歌唱了兩個小時，每數到一百，便發出一聲悅耳的歡呼。隨後他又繼續歌唱，歌聲時而略帶憂傷、催人入眠，時而充滿希望、撫慰人心，總是同一個基本旋律，因情緒不同會任意產生細微的改變。當這裡的夜幕拉開，工人和百姓乘著獨木小舟行駛在水上時，他們也是這樣唱起歌。他們會惴惴不安，亟需慰藉，他們會害怕鱷魚和黑夜裡飄蕩在河流上方的亡靈，聽得出他們的歌聲中充滿順從和熱情、痛苦與希望，他們是本能地歌唱，就像竹子在夜風中簌簌作響。

我又一次安靜地躺下，半夢半醒時，發動機重新發動起來。現在下起了雨，時而有幾滴溫熱的水珠濺在我身上。我本想把毯子往上扯一扯，蓋住膝蓋，可是實在太睏，就這樣睡著了。

我再次睜開眼睛的時候，已是薄霧籠罩的涼爽清晨，天空泛著魚肚白。身上的睡袍已經濕透，我覺得很冷，睡眼惺忪地抓過潮濕的旅行毯，蓋在身上。這時我一扭頭，發現有人正站在我的頭上方。抬眼看去，正是那個漂亮的長頭髮馬來女孩，戴著指環的棕色小腳就立在我的頭旁邊，她的手背在身後，美麗安靜的眼睛聚精會神地注視著我，一臉的好奇，似乎她在睡覺時偷偷地聽人說起，我這個白人究竟是怎樣的動物。我此時的感覺恰恰就像是在山區旅行時在草堆中醒來，發現一隻山羊或者一頭小牛站在身旁，用美麗好奇的眼睛盯著自己。小姑娘又目不轉睛地看了我一會兒，我一起身，她便走開了，回到母親身邊。

甲板上已然熱鬧起來，只有幾個人還在睡覺，其中一個蜷縮著身子，抱成一團，好像寒夜裡的狗。其他人都把竹席捲了起來，將紗籠圍在髖上，繫上頭巾或者打好纏頭，目光呆滯，冷冷地注視著潮濕的清晨。

9 巨港

巨港（Palemban）是一座木樁建築的城市，擁有大約七萬五千居民，位於蘇門答臘島的東南部。因為它坐落在一條大河沼澤似的兩岸，遊客們草草地賦予了它「馬來的威尼斯」這個非常不貼切的名號；他們不過想以此表明，這座城市建在水上，河運是主要的交通方式。

巨港從中午到午夜坐落在水裡，從午夜到中午處於泥沼中，灰色黏稠的汙泥散發著惡臭，這樣的景色，這樣的氣味，伴著惡心和發燒感，就像一層輕薄的霧靄，追隨我長達一星期之久，直到我離開這裡抵達開闊的海域。在此期間，在這霧靄之中，我遊歷了這座美麗奇特的城市，有如經歷了一場激動人心的冒險。

這條大河有數百條水流平靜、類似運河的小支流，巨港正是依著這些大大小小的河流而建，河水早晨的流向與晚上正好相反，因為這整個地區地勢非常平坦，而且只高出海平面約兩公尺，大海距離這裡也只有七八十公尺遠，每天漲潮時，海水都會沖上來很遠一段路，使得水流逆向，沼澤地成為湖泊，骯髒的城市變成一個美妙的童話般的地方，這個地方也就可以住人了。

海水潮汐時間每天都會改變，我所在的那幾天，漲潮開始於中午前後，在此期間，無數木樁建築倒映在微波徐徐的淺褐色水面，柔媚而迷人。最小的那條支流裡，橫七豎八地擠滿了上百條細長的、如在畫中的普勞船[1]，它們在船流中靜靜地攢動著，靈活得令人吃驚。每棟房子都伸出一個陡峭的木梯子直插水中，赤身的男孩和裹著頭巾的女子站在梯子的底端洗澡。中國人在浮動的排筏上開設了乾淨整潔的店鋪，懸掛著的燈籠撕裂了黑暗，映照出亞洲人晚間生活和水上生活的一小截美好片段。

然而到了退潮的時候，同樣是這座城市，一半的地方都成了黑色的排水溝，各家各戶的小船歪歪扭扭地泊在死氣沉沉的泥沼裡，河水、爛泥、市場垃圾和糞便混合在一起，棕色皮膚的人毫無嫌惡地在這泥粥裡洗澡。酷熱的天空下，整座城市黯然失色，散發出難以名狀的臭味。

我順便得為當地人說幾句話。河流沒有落差，因此沒有乾淨的水；廚房的垃圾和廁所的糞便滯留在房屋四周；暴烈的太陽讓爛泥如此迅速地發酵，他們對這些無能

⊙1普勞船（proa），南洋馬來人普遍使用、有著平衡桿的帆船。——譯注

為力。陌生人有時會覺得這裡的衛生狀況很恐怖，因為幾天都無法洗澡並且要用礦泉水刷牙，他大概也會產生一種高馬來人一等的自豪感。即便如此，事實卻依然是：東亞人要比歐洲人更愛乾淨，現代歐洲的乾淨全是從印度人和馬來人那裡學到的。這種現代的乾淨始於對每天洗澡的需求，它源於英國，在許多盎格魯—印度人以及從熱帶返鄉的人的影響下，日益盛行起來，這些人跟印度、錫蘭和馬來的原住民學會了洗澡、經常漱口以及所有此類清潔藝術。我看到馬來民族的普通婦女在每餐飯後都用細小的木籤清潔牙齒，用潔淨的水漱口，我們這裡只有不到百分之五或十的人會做這些事情。在符騰堡和巴登，我認識的農民中有許多每年最多洗兩三次澡，而馬來人或者中國人一天至少刷牙漱口一次，通常情況下次數會更多。他們的這種行為由來已久，至少中國的古籍中附帶有提到這樣的清潔習慣，並視其為平常之事，例如在《沖虛真經》（《列子》）一書中寫道：「至舍，進涫漱巾櫛……」

巨港這座獨特的城市，出口硬木、橡膠、棉花、紅藤、魚、象牙、胡椒、咖啡和樹脂，還有本土的織物和花邊，進口的產品有英國和瑞士仿製的紗籠布料、慕尼黑和不來梅的啤酒、德國和英國的編織物、梅克倫堡和荷蘭的殺菌牛奶以及倫茨堡和加州的水果罐頭。在荷蘭書店可以買到從各種語言翻譯過來的最拙劣的低俗小說，

⊙2 荷蘭作家愛德華．道維斯．戴克爾（Eduard Douwes Dekker, 1820-1887）在一八六〇年用穆爾塔圖里（Multatuli）這個筆名（筆名源於拉丁文，意思是「我已經承受了太多痛苦」）出版了《馬格斯．哈弗拉爾，或荷蘭貿易公司的咖啡拍賣》（*Max Havelaar, of de koffij-veilingen der Nederlandsche Handel-Maatschappij*）這本反殖民剝削（荷蘭剝削殖民地爪哇）的譴責小說。這本「世界文學史上最具攻擊性的影射小說」，在歐洲開啟了擔負社會政治責任的文學時代。——原注

卻沒有穆爾塔圖里的《哈弗拉爾》[2]。從歐洲小城的商店裡淘來的賣不出去的禮品專供這裡的白人使用，當地人則從日本的舊貨商行購置德國和美國的廉價貨品。一公里之外，老虎在獵食山羊，大象在刨掘電線桿。這片沼澤一般的土地麇集了美麗的水鳥、鷺鷥和魚鷹，架空在地上以及埋入河道下的鐵管裡悄然流淌著原油，不為人見地從幾百里遠的地方不斷輸往城市的煉油廠。我在這裡買了一條舊的中國絲綢圍巾，價格是商人為出售一盒總計十二支歐洲鋼筆尖而索要金額的一倍半。奇怪的是，英屬港口城市檳榔嶼、新加坡或者可倫坡是免稅的，人們在那裡的生活費用差不多是這裡的兩倍，這裡的荷蘭關稅極高，因而致使貿易疲軟，荷蘭的殖民行為在任何地方多多少少都會給人留下如此這般印象：目光短淺地剝削當地人。相反的是，雖然荷屬東印度的「米飯桌」[3]並不總是豐盛奪目，不過與英國殖民地豪華飯店裡的奢侈飲食相比，即便最差的時候也是天壤之別。可惜英國人缺少了兩項基本天賦，這對於一個擁有高度文化修養的民族幾乎是不可或缺的，即對美食和音樂的鑒賞力，否則他們絕對是世界上最優秀的民族。在英國的殖民地，對這兩點要把期待值放到最低，其他方面都堪稱一流。

這裡的馬來民族有一些人奴顏婢膝，歐洲的官員和商人很看重這種特性，不過像

⊙ 3 米飯桌（Rijsttafel），源於荷蘭語Rijsttafel，是一種印尼烹飪的美食盛宴，在荷蘭人對印尼進行殖民統治時期形成的，他們在那裡過著窮奢極侈的生活，像自助餐一樣在一張長桌上擺滿各色菜肴，以爪哇菜為主，魚、肉、蔬菜、沙拉，種類豐富多樣，桌中央常放著蒸煮好的米飯，故得此名。——譯注

我們這樣的人有時會感到不堪其擾。與此同時，被奴役的馬來人迅速學會了歐洲人的舒適、享樂和紳士派頭。一個小時以前，你還在為某個苦力那副甘心效命的可憐相深感同情，這會兒偶然遇上，他已是一副趾高氣揚的樣子，騎著一角錢一小時租用的自行車，身上穿著白色的西裝，或許正是你送去洗的那件，被他租了來。他傲慢地走進撞球室，儼然那裡的常客，腳上穿了一雙黃色的鞋子，手上夾著點燃的香菸。之後他返回自己的小屋，換上紗籠，讓自己既舒服又隨意，接著蹲在岸邊的木梯子上用河水漱口，一分鐘前他剛在同一個位置解決了內急問題。

10 建築

馬來人的世界裡，原本在任何地方都見不到宏偉奢華的建築，為數不多的王公貴族都很簡樸，百姓們從不知道，有一種需求是大肆興建寺廟及其他宗教建築。佛教以及印度教的寺廟幾乎是原封不動地照搬了印度半島上寺廟的樣式。至於清真寺，大到通常毫無格調可言的新式豪華清真寺，小至用四根粗糲樹幹構築塔樓的田園式伊斯蘭鄉村教堂，建築風格也沒有獨創性。這裡的氣候會迅速毀壞所有人工造物，搭建房屋並不看重堅固程度和耐久性，而僅僅是出於對遮陰、避暑、防雨的短時需求。

馬來各土邦的平坦土地多半都類似於沼澤，在蒸籠般的空氣中發酵著，此外還有毒蛇和猛獸出沒，所以，今天的這個地方同數千年前一樣，房屋類型依然以木樁建築為主。這類房屋搭建在夯入土地的木樁或者被硬生生鋸斷的樹幹上，距離地面高達一・五公尺到二・五公尺，由一張或兩張輕便的木頭梯子連接地面，為了防範毒蛇或者其他動物，梯子盡可能豎得陡一些，有時候爬起來很費勁。房屋地面常見的是木板結構，不過大多只是把長條木鬆散地拼接在一起。此外所有的房子都會在地面鋪上乾淨漂亮的竹席。屋頂是簡單的雙坡式，前梁通常跟下薩克森州農舍的前梁一樣，凸在外面，呈交叉狀，屋頂的骨架由竹竿搭成，上面厚厚實實地鋪著棕櫚葉，不僅輕巧、涼爽，而且還防水。在原始森林中，我曾在夜間多次經歷了熱帶的瓢潑暴雨，那時我就躺在這樣一個樹葉屋頂下面，未曾被雨水淋濕。近日裡我看到許多房子的屋頂鋪設的是凹面瓦，農村也見得到這樣的屋頂。

這是中南半島房屋的樣式。在有些地方，屋頂依照中式建築風格帶有飛檐翹角，造型優雅。顯著的馬來建築特點則是利用錯層將房屋劃分區域，進行空間區隔，因此從入口處開始，房屋的每個分區都要比前一個提升兩到三個手掌寬的高度。

城市裡只要土地乾燥，不存在衛生問題，房屋便不再以木樁為地基。中式建築構成了街道的主體，馬來的漁舍及農舍被排擠到了市郊地帶。華人街，不管是舊的還是新的，毫無例外地坐落著一排排連在一起的三層小樓，只有很少幾棟房子是四層。底層用作工坊或者店鋪，樓上朝街的屋子如果打開百葉窗，就會看到開放式的房間以及簡易的窗柵欄，並且能夠有效地通風。這些建築都粉刷成了彩色，大多是明豔的鈷藍色，在熱帶強烈的光線下看起來既清涼又高雅。樓上臨街的房間由立柱支撐，連成一體，於是每條街道的兩側都見得到這樣的柱廊，除了賞心悅目，還上演著一幕幕生活圖景。有錢的中國人當然是在別墅區安家置業，那裡的房屋奢華，大多受到歐洲風格的影響，屋子四周是寧靜的花園，布局呆板，但陽光充足，裡面的每株植物都長得很高，分別種植在花盆中。

現在，歐洲人將所有的城市進行了全新規劃，引進許多衛生設備和舒適設施，但是很少考慮美觀性。從外部看，這裡所有的歐洲建築中唯有市郊別墅區裡的平房是漂亮的，那裡清涼宜居，綠樹成蔭，像公園一樣。這些平房別墅之所以漂亮，是因為它們不得不適應當地的氣候，從而保持了印度房屋的原始風格。白人在這裡已建好或者正在修建的其他所有房屋，如果搬到一九八〇年代德國的火車站大街上，也絲毫沒有不協調之感。雖然英國人為他們的殖民地辦了很多件大事，其中對許多商業街、港口、別墅區以及公園式城郊的規劃連同公路建設、水利灌溉以及人工照明，都堪稱典範，通常是毫不吝嗇的大手筆之作，但是除了平房別墅以外，他們也蓋不出漂亮的房屋。如今大肆流行人造大理石和波紋白鐵皮，當地有房產的人之中追求時尚並且家資不菲者對此趨之若鶩。日本的牙醫和放高利貸的中國人給自己蓋的房子，也很適合建在德國中等城市裡最沒品味的街道上。橋梁、水井和紀念碑也同樣如此。不過最醜陋的當屬教堂。教堂已經摒棄並背離了英國哥德式建築風格，人跡寥落，突顯著西方文化的無力。不管是在安靜秀麗的棕櫚林，還是在馬來村莊裡寬闊漂亮的街巷，抑或在整齊劃一的藍色華人街看見一座教堂，都會感到尷尬，這在這趟旅行中遠比汙穢和狂熱更讓人難堪，因為在這裡，內心深處會覺得自己同樣負有責任。上述這些建築就像德國的郵局大樓，全都蓋得堅固而醜陋。馬來人的房屋在落成三個月以後，外表顏色會受天氣影響變得自然，與周圍環境融為一體，似乎已經在那裡矗立了五十年。而荷蘭總督的宮殿、英國人的教堂或者法國天主教學校的校舍，只有終結了它們所承載的罪惡並且重回自然，才能愉悅眼目。

11 水上童話

昨日我乘坐一條又小又狹長的普勞船從巨港出發，泛舟河上，我希望能跟心愛的女人一起重遊這條路。

那時已近傍晚，恰逢漲潮，我們坐著這條晃晃悠悠的小船出遊，船體吃水深度不到一手寬，因此可以在最狹小的河道裡行駛，這裡有許多小支流，河道狹窄，河水泛著棕色，我們沿著其中的一條溯流而上。一座座木樁建築中間，人們一如往日純粹而生機勃勃地生活著，拿著漁網用各種方式捕撈，馬來人在這方面與捕鳥和划船一樣，同樣是真正的大師。此外，還有一群群光著屁股大聲呼喊的孩子、在水上兜售蘇打水和果汁的矮個子小販、輕聲叫賣《古蘭經》以及袖珍版伊斯蘭教祈禱手冊的商人、泡在水裡游泳的男孩。在這裡，很少看到有人爭吵，從未見過醉漢，若是注意到這一點，從西方來的遊客不免自慚形穢。

我們緩緩地繼續行駛，溪流變得又窄又淺，已經見不到屋舍，四周是沼澤和原始森林，蒼翠欲滴，寂寥無聲，岸邊甚至水中不時地出現一棵棵樹木。不經意間，樹木越來越多，一條條形態各異的樹枝伸向我們，樹葉枝枒交織在一起，越來越濃密，像綠色的穹窿籠罩在我們頭頂。樹木連成一片，很快就分辨不出哪棵是哪棵，每棵樹都連同它的根部、氣根、粗枝細枒以及樹上的攀緣植物與其他樹木交纏盤繞在一起，所有的樹木都被無數蕨類植物、藤本植物以及其他寄生植物攀纏、環繞。

在這寂靜的原始森林中，大量的鳥兒築巢而居，不時會掠起一隻翠鳥，像彩色的閃電一晃而過，或者一隻小丘鷸倏忽飛過，恍若一道灰光，要麼閃過一隻肥碩的鶇屬鳴禽，像喜鵲一樣黑白相間。此外，再無聲音和生氣，只有那濃密的樹穹悄然生長、呼吸、疊錯交織。溪流很窄，很多地方勉強寬過我們的小船，而且千折百曲，每分鐘都會拐過一道別樣的河灣。我們逐漸無從判斷周圍事物的大小和遠近，驚訝地悄然駛向一片紛亂的綠色永恆，樹冠在頭頂交錯成鬱鬱蔥蔥的穹窿，大葉子的水生植物在四周團團簇擁。每個人都默默地坐著，訝異著，沒有人去想，這種魔力是否會被打破，會在何時被何種方式打破。我不知道，它是否延續了半個小時，或者一個小時，還是兩個小時。

突然，我們頭頂上方傳來一陣粗野、嘈雜的吼叫，樹枝劇烈地晃動，瞬間將這魔力打破。隨後出現一群高大的灰色猿猴，牠們因我們的闖入而感覺受到冒犯和打擾，直勾勾地瞪著我們。待到我們將船泊住，動也不動，牠們重又開始了追逐嬉戲，很快便有第二個猴群加入，接著又來一群，直到籠罩著我們的樹穹裡擠滿了高大灰色的長尾猿猴。牠們偶爾會被再次激怒，用懷疑的目光注視著下方，憤憤地發出呼哧聲，像拴在鐵鏈上的猛犬一樣狺狺不已。沒多久我們頭頂上方便聚集了大約一百多隻猿猴，牠們又一次發出呼哧聲並且就在咫尺遠的地方衝著我們齜牙咧嘴，這時，船上的巨港朋友屏住聲，打了個手勢，提醒我們注意安全。我們小心翼翼地一動不動，謹防自己觸碰到樹枝，因為大家都覺得，這片熱帶原始叢林和沼澤距離巨港也就一個小時的路程，倘若被一群猿猴扼死在這裡，以這樣的方式終結生命或許稱不上恥辱，卻也有失身分，不那麼體面。

馬來船夫謹慎地把輕巧的短槳沒入水中，大家都保持安靜，蜷縮著身體，小心地坐在船裡返航，從猿猴和許多樹木下穿越，從陋屋和房舍旁駛過。當我們再次抵達那條大河時，太陽已經落山了，河岸兩側這座充滿魔力的城市已經燃起千燈萬盞，發出星星點點的微光，點亮了這迅速降臨的夜幕。

12 巨港的陵墓

每個陽光明媚的上午，我一吃完早餐，就會立刻離開這座城市，去野外待上兩三個小時，呼吸一下清新的空氣，踏青賞綠，偶爾捉隻蝴蝶。這些城市，也包括規模比較大的新加坡，四周全都環繞著大大小小的村落、農莊以及最原始的田野，不著痕跡地悄然融入那肥沃的綠色荒野。剛才你還站在一條喧嘩的街道上，商鋪鱗次櫛比，滿街都是運貨馬車、叫賣的小販和吸著菸的無業遊民，現在已然拐入一條安靜得多的岔路，那裡遠離街道的花園裡，星星點點地佇立著明亮舒適的平房別墅。你會頓時眼前一亮，覺得自己突然間全然置身於鄉村，被正在放牧的山羊和奶牛嗅聞，或者聽見猿猴在原始森林中翻騰跳躍弄得樹葉沙沙作響。

我在巨港散步時，常常途經魚市，各種各樣活蹦亂跳的鮮魚和大量堆成垛的魚頭映入眼簾，這景象看得我心有餘悸。接著循河而行，漫步經過一棟棟房屋和批發商的庫房，直到抵達一座古老的清真寺，然後朝陸地方向拐個直角彎，從這個地方開始，隨處可見生機勃勃的鄉村和充滿野性的原始森林交融成趣的獨特風情。可愛的小牛四處吃草，逍遙自在地穿過公路，很是溫順馴良。公路上有時候交通繁忙，行人、腳夫、許多自行車和小馬車川流不息，也有汽車經過。其中十公尺長的路段隱沒在濃密的叢林中，人們完全置身於野生環境，松鼠和小鳥成群結隊地在四周蹦來跳去、飛上飛下，猿猴發出狺狺的威脅聲，偶爾還會被有毒的巨型蜈蚣和蠍子嚇到。熟諳老虎的人也常常在這裡發現牠的蹤跡。

不管站在哪裡，方圓百米之內，總會遇見墳墓。到處都是馬來人和阿拉伯人的墳塋，它們很像家鄉的墓地，上面長滿了雜草，已經被遺忘。新墳上裝飾著一把把的枯草，是穆斯林在星期五的時候擺放在那裡的。有一些小墓地修建了圍牆，墓牆上的入口呈優美的拱形，牆墩雕刻著精美花紋，大門處長滿了高高的青草，上方綠樹懸垂，遮陰翳日，煢煢孑立，雖破敗卻充滿浪漫氣息，如此美麗和優雅，唯有義大利某處廢墟精緻、寧靜的一角可與之媲美。

漫步途中，一再見到規模宏大的中國人的陵墓，墓牆牆墩上的鍍金大字閃閃發光，陵墓建在山坡邊，圍牆將墳冢圈在中間，呈半圓形，直徑分別為五公尺、十公尺或者二十公尺，規格大小由亡者的地位和財富決定，隆起的圍牆上面鐫有藍色和金色的墓文。整座墓地同所有的中式建築一樣大氣、莊重、美麗，但是或許有些清冷和空蕩，左右兩側和上空隨處可見瘋長的濃密灌木和綠樹。

穆斯林的墓地中有幾座屬於曾經的蘇丹的陵墓，其中幾座墓牆上的入口是精心設計的，非常漂亮，不亞於文藝復興時期最好的作品。蘇門答臘島上有這樣的發現，令人感到驚訝，然而更令人吃驚的是，聽說了這樣一則流傳已久的語焉不詳的巨港傳說。相傳亞歷山大大帝安葬於此地，他曾經來到這個地方，並在這裡離開人世。這讓我想起了一段談話，我的一位朋友在義大利的特拉西梅諾湖畔與一位漁夫的對話。漁夫講述了很久以前偉大的將軍漢尼拔在當地打的那場血戰[1]中令人難以置信的事情，當我的朋友追問漢尼拔當時的作戰對象是誰時，這人變得不那麼有把握，很快又相當確定地認為，大概是加里波底。

我在巨港城郊的陵墓附近度過了奇妙而美好的幾個小時，獨自待在這片雜亂的綠色叢林中，看著紫閃蛺蝶環繞在身旁飛來飛去，聆聽著野生動物的各種叫聲和巨大

⊙1指西元前二一七年四月布匿戰爭（Bella punica）期間，迦太基軍隊與羅馬軍隊在義大利特拉西梅諾湖畔進行的一場戰役。迦太基統帥漢尼拔（Hannibal Barca）率軍約四萬人冒險穿越阿爾努斯河泛濫的沼澤地，繞過羅馬人的防守陣地，並在特拉西梅諾湖和群山之間狹窄的通道上設下埋伏，擊潰了追擊的羅馬軍團。加里波底（Giuseppe Garibaldi）則是十九世紀義大利將領。——原注

的昆蟲充滿野性的美妙歌唱。炎炎烈日曬得我精疲力竭，每當需要休憩片刻時，我都會坐在中國人墓地低矮的圍牆上，這些陵墓雖然建得高大、堅固、豪華，然而各類野生植物在這片土地上繁衍得異常迅速，很快就高過了它們，攻城拔寨般地鋪滿並遮蔽了它們。黑色以及白色的山羊和溫順的紅棕色小牛來到我近前，注視著我，抑或正在歇腳的猿猴靜靜地瞪大眼睛看著我，又或者馬來孩童蜂擁而至，帶著羞澀和好奇將我團團圍住。在這裡，我只叫得出視野中很少幾種樹木和動物的名字，看不懂漢語寫的銘文，也只能跟孩子們說上幾句話，但我卻毫無陌生感，覺得周圍的一切理應如此，清澈似水，在異國他鄉的其他處所我從未有過這樣的感受。

13 社交所

這裡是一個大甘榜，或者是一座年輕的小城，位於蘇門答臘島南部一條美麗而寬闊的大河旁。三四年前這裡還是戰火連天，現在只有大約一百名荷蘭士兵仍然駐守在小城中，時不時裝腔作勢地巡邏一番，意在告誡潛在的反抗者，這裡有人盯著呢。看得出當地人是原始馬來人和爪哇人的混血，他們淳樸、善良，因交通不便而閉目塞聽。打臨工的爪哇人用鐮刀割草，一刻鐘割一把，將一個水罐扛過街道是男人一上午要做的活兒。大多是女子在勞作，其次便是中國人。在這裡，不管地方多小，一旦繁榮發展起來，中國人便會很快到來，在當地安居樂業，開拓事業。他們開商鋪、跑船運、購買橡膠，出售大米、魚和德國啤酒。工作的還有一些歐洲人。這裡有一家硬木加工廠，負責人是一個對當地非常熟悉的瑞士人，其他的白人毫無例外全都是荷蘭官員。我拜會了總督和監察官，他們鄭重其事地交付給我一大張文書，它是荷屬東印度的居留許可證明，我之前根本不知道這東西的必要性。

返程途中，我穿行在原始叢林裡，不停地驅趕蚊蟲，披荊斬棘。剛回到小城，便有人邀請我去社交所一聚，因為那位監察官給我的印象溫文爾雅、體貼周到，而且繼穆爾塔圖里之後，不乏有此類人來到國外，於是我晚上應邀去了趟俱樂部。

此時的市場大街，也就是小城的主要巷道，已然一片漆黑。馬來人懷抱孩子，倚著柵欄，中國人借著身後自己鋪裡亮著的燈光，悄無聲息地幹著活兒。街道中部坐落著一棟燈火通明的木板屋，那就是俱樂部。一進門我便發現，這裡聚集了當地三分之二的歐洲人。撞球桌旁圍站著四個人，臨河窗前的搖椅上，坐著三位老先生和一位女士，他們背對著社交所，一言不發，在平靜的呼吸中享受著夜晚時分涼爽的微風。參加社交聚會的其他人都坐在屋子中間，圍著一張大圓桌打牌。我坐了過去，他們愉快地跟我打招呼。聽說我不會打牌，他們在失望之餘又邀請我擲骰子。玩這種遊戲要輪著喝酒，於是每個人都點了喝的，有威士忌、苦味啤酒和波士酒、金酒和雪利酒，以及用最不可思議的方式調製的苦艾酒和茴香酒。這種擲骰子的遊戲複雜且有趣，在輪船和燈塔上時常會見到人們這樣打發時間。

現在我們大約十男二女，映著兩盞白熾燈明晃晃的光柱，從六點半坐到將近九點半，樂此不疲地擲著骰子，玩了一輪又一輪。其間我抬眼望了望上方，又環視了一下屋內四周，看見一隻碩大的蝴蝶撲扇著翅膀圍著燈飛舞，蝴蝶是黑色的，翅膀上有黃色和綠色的斑紋。我決定晚些時候捉住牠帶走，也算今晚有所收穫，這會兒我已經感到安慰和開心了，因為可以時不時地把目光從這一圈菸民和玩骰子的人中拔出來，投向那隻美麗的蝴蝶，牠很難融入這個吸菸、喝酒的社交群體，就像「上等」的荷蘭人同這片原始森林格格不入。

隨後一輪的輸家是一個窮少尉，他的月薪最多有二百荷蘭盾。大家都拚命地取笑他，似乎這漫長的幾個小時從未停止過滿堂的大笑和喧雜的快樂。我起身告辭，大家彼此揮手作別，他們都表示遺憾，因為氣氛才活躍起來，我卻要走了。

剛才那隻碩大的蝴蝶已經無數次朝著燈光飛撲而去，燙死了。我找了好一會兒，才發現牠，看上去沒什麼傷，只是躺在地板上沒有了生息。我把牠撿起時，才看到牠的身體已經少了一半，上面密密麻麻地圍著一種個頭極小的灰色侏儒蟻。在這個地方，食糖裡、鞋襪裡、雪茄灰裡，還有床上都找得到這種螞蟻，人們學會了對於牠們掠奪成性的野蠻行為熟視無睹。

14 馬拉斯號

無論是誰，只要他曾在巨港逗留過一段時間，下榻於尼歐凱爾克飯店背面某間窗戶朝向泛著黑水的小河的房間，終日被惡臭包圍、蚊子縈繞，還沒機會用潔淨的水洗澡，必然會熱切企盼離開此地，無所謂去往何處，並且開始計算距離下一艘輪船起航還有多少個小時。我疲頓不堪地生活在這座不尋常的城市中，已有一個月未收到郵件，飽受著失眠的折磨，因炎熱卻又無法沐浴而渾身乏力，於是為自己訂了一張中式汽輪「馬拉斯號」的船票。這艘船應該在週五清晨抵港，週六再度返航回新加坡。隨後我便滿懷希望地躺在蚊帳裡，期待週五清晨的到來。隨身攜帶來的書早已讀完，我的大箱子卻留在了新加坡，而且連續幾個星期沒有家人的消息，每天除了在城裡閒逛到筋疲力盡，我別無他事可做，餘下那許多小時的時間，只能躺著，等待著，間或翻閱一下記錄的文字，學習點馬來單字。這會兒終於有一艘船即將駛達，再過一兩天，我就能出發了，這些天遭遇的所有不快，將會像我們從昔日撫慰人心的經驗中獲悉的那樣，很快便在記憶中淡去、消逝，留下的只有許許多多美好、絢爛、愉快的經歷。

週五早晨過去了，下午也過去了，「馬拉斯號」汽輪還沒有來，晚上直至午夜，我仍在傾聽，是否有一艘輪船因即將抵港而拉響汽笛，為此白白耗去了很多小時，週六一整天同樣這般過去，週日一早才傳來消息，船已抵港，如果雨下得不厲害的話，明天或許就可以出發了。

週日，我從早到晚都泡在河上。我參加了一支鱷魚狩獵隊，坐在小船裡，膝蓋上放著一支又沉又舊的荷蘭軍用步槍，窺伺以待，天氣炎熱再加上河面反射的陽光灼得我眼睛發疼。運氣總不會眷顧這樣的日子，我們竟連一發子彈都沒有射出，水位這麼高，就算是看到幾條鱷魚，我們也會感到很開心。

反正明天輪船就要啟航，此後蘇門答臘島的鱷魚對我而言或許再無什麼特別。返城途中，我獲悉「馬拉斯號」大概會在明天一早出發，也有可能是下午或者晚上。

我滿心歡喜地打理行裝，並且暗暗告訴自己一定要收拾徹底。結果隔天「馬拉斯號」早晨沒有出發，下午也沒有，但是我得到通知，晚上即可登船，如果我想乘坐本次航班，最遲十點必須到達船上。

我可不能誤了船，於是九點鐘便穿過濃重的夜色（在歐洲，我們根本就不知道什麼是真正的夜的黑！），向輪船停泊的方向奔去，四下一片黑漆漆的，連照明的燈籠都沒有，我摸索著越過一艘艘不相干的小船和熟睡中划船的苦力，為自己和行李覓得一條通往沒有光亮的船梯的路，滿懷希望地爬了上去。船上載了很多東西，貨艙裡堆滿了木材和棉花，可是船邊還停靠著二十多條載滿紅藤的運輸船，因而還將繼續裝貨。黑黝黝的甲板上到處堆著貨，上百名苦力密密麻麻地站在那裡，我不得不跨過一個個板條箱和一根根又大又方的木料。船上燈籠不多，若是苦力們恰好靠近其中某一盞，他們那汗水涔涔、赤裸著的黃色肌膚便會在這喧囂而昏暗的人群中熠熠閃光。

甲板上有一位荷蘭船長，我得到一間艙房，但是艙裡熱得像蒸桑拿，我一脫掉靴子，隨即注意到原因所在：隔壁是鍋爐房，熱氣通過地板傳來，燙得我腳板發疼。船艙的小窗比懷錶的錶盤大不了多少。靠窗有一台電風扇和一盞電燈，不過已經壞了多年，艙內靠一盞冒著煙的小石油燈照明。

我期待著起航，但預告的時間卻推遲了一個又一個小時，我疲憊不堪，在上甲板找了一把椅子，僵直地坐到一點多，腫了的雙眼麻木地向船內望了望，隨後進入船艙，躺了下來，聽到汗珠子大滴大滴地順著垂下來的那隻手摔落在地上，我又起身來到外面，冒雨在苦力中間吸了一支雪茄，在黑咕隆咚的船上四處亂走，被熟睡的人絆倒，碰翻了一個裝著活猴子的籠子，還撞到了板條箱的角上。黎明時分，我已筋疲力盡，在上甲板上又平靜下來。

我生平從未在清晨六點鐘就喝波爾多葡萄酒、抽烈性印度香菸。今天我喝了酒，又抽了菸，這會兒又能幾乎毫無痛感並且毫不費力地睜開眼睛了。

現在，就在我寫下這段文字的時候，輪船正在行駛之中，它是中午起航的，已經開了一個小時。眼下寫作是我唯一能做的事情，如果不是這樣，我很想幹些別的，而這在船艙裡是不可能的，甲板上只有一把椅子可供我使用，假如我停下來，不寫東西，船長就會過來，要跟我聊天。他很有同情心，他妻子也在船上，他們住在位於上甲板的船長艙裡。船長收集了大量郵票，養了一條長著疥癬的中華犬，可惜這狗並不忠誠，總是往我這兒跑，他妻子餵養五隻小貓，還在籠子裡養了不是十隻就是十一隻會唱歌的鳥兒。此外船上還有活的猴子（正是我夜裡碰翻的那些），其中最小的那隻很溫順，讓我靠近牠、撫摸牠，可惜牠們身上散發著難聞的臭味。

我們的船順流而下，緩慢前行，將於晚間駛入大海，或許會在大約三十二個小時之後抵達新加坡。

晚上補遺……我收回之前所寫的一切。我擱筆停書時，並沒有受到任何人的打擾，相反地還被邀請去吃了一頓相當豐盛的午餐。飯後，船長夫人在上甲板的前部為我安置了一張行軍床，我可以躺在上面休息兩個小時。在那裡，任何東西看上去都會立刻變得美好起來。我覺得那條中華犬並沒有長疥癬，牠只是跟熱帶幾乎所有的狗一樣，患有脫毛症，尾巴的毛脫得光禿禿的，可惜得很，因為從其餘部位的毛色推斷，牠以前必定是一條很漂亮的紅金色小公狗。船艙的小窗跟一個普通壁鐘的錶盤差不多大，說它只有懷錶大是誇張了。

我使勁地往身上打香皂，然後用河水沖洗乾淨，這是我十天以來第一次洗澡！這會兒我又能毫不費力地睜開眼睛看東西了。現在是下午五點，已經暮色西沉，我們抵達了遙遠的入海口，前方的淺海呈現出淺黃色，引航員操縱著舵輪。很快，他就能離開我們了。對面隔海相望的是美麗的邦加島[1]，島上黛色的高山連綿起伏。

⊙1邦加島（Bangka）位於蘇門答臘以東，隸屬印尼。——編注深夜十點補遺……這條狗還是長著疥癬，因為跟牠有接觸，我不得不從昂貴的昇汞片中取出兩片用來消毒。除了這條狗、貓、鳥和猴子，船上還有兩隻犰狳、一頭豪豬和一頭漂亮的小美洲豹，全是活的。牠們被關在籠子裡，跟我的小船艙相比，牠們的活動空間大多了。晚餐非常愉快，船長夫人有一台音效很棒的大留聲機，特意放起了音樂，以示對我的敬意，播放的是輕歌劇《美元公主》（*Dollarprinzessin*, 1907）和卡羅素[2]演唱的歌劇。所有生活在熱帶的歐洲人都有留聲機，於是我在返回到新加坡之前就已經再一次被輕歌劇曼妙的樂聲所縈繞了，自從在熱那亞登上了北德意志—勞埃德公司的郵輪，這種音樂氛圍在我眼中就是歐洲人在東方生活的特徵。

⦿ 2 卡羅素（Enrico Caruso, 1873-1921），義大利男高音歌唱家。——編注

15 觀之趣

假如有一個身如高塔的伊夫利特[1]從服務生剛剛幫我打開的瓶子中跳出來，承諾幫我實現三個心願，我會不假思索地告訴他：身體健康；有一位年輕貌美的愛人陪伴左右；手頭不少於一萬美元。

隨後我便叫了一輛人力車去城裡兜風，另外又雇了一輛車裝滿大包小包的東西，口袋裡第一次裝了幾千美元。乞討的孩子朝我一擁而來，熱情地呼喊著：「哦，父啊，我的父啊！」嚇得我的美人花容失色，我並不理會他們。相反，我會拿出一美元贈送給那個白天在我們飯店前面兜售小玩意兒的十一歲中國女孩。她的確如所說的那樣，已經十一歲了，身形和容貌看著卻比實際年齡要小得多，而且非常孩子氣，但是在街頭叫賣已有六個年頭了。這些情況是她自己告訴我的，不過若非一位新加

⊙1伊夫利特（可拼作ifrit、efreet、efrite等），伊斯蘭教的精靈（Jinn）的一種。他們的地位低於天使，會對人類使用超自然能力，只有英雄才可以殺死或馴服伊夫利特，阿拉丁故事中的神燈巨靈就是被馴服的伊夫利特族。——譯注

坡老人向我確證了她的話，我可不會再說給別人聽。這個身材瘦削的小女孩長著甜美的娃娃臉，模樣漂亮的中國人就是上了年紀也常常還是一副娃娃臉，女孩還擁有一雙聰明、沉著的眼睛，她或許是新加坡最精明能幹、最前途無量的那個華人孩子，她也必須成為這樣的孩子，因為一家五口多年來都靠她掙錢養活，她的母親，只要有可能，每個星期天都會去柔佛賭博。小姑娘紮著一根美麗的麻花辮，烏黑的頭髮，身穿一條寬大的褲子和一件褪了色的藍布衫，旅居海外時間最久的人跟她討價還價或者開玩笑，或許都無法占得絲毫便宜。可惜她的本錢還很少，也不了解市場的行情，不過這些在以後都不是問題，也許她真正聰明之處就在於，只要單薄的孩子身板和光潔的娃娃臉可以幫自己招攬到生意，她就只賣兒童玩具。以後她可能會賣一些出手闊綽的年輕男子所需要的物品，然後她會結婚，從事瓷器、青銅器以及古董買賣，最後她或許只做點投機和借貸的生意，並且拿出半數身家用來修建一棟奢華無比的私宅，過度的燈光將住不完的房間照得熠熠生輝，巨大的黃金神龕閃閃發光。

女孩應該擁有這一美元，她把錢放進了口袋，既未感到吃驚，也沒有過多表示感謝，然後我們便乘車前往諧街（High Street）。我先去了一條側巷，那裡有當地最好的藤編匠，我為自己和心愛的女人分別定製了幾把躺椅，那是用最好、最柔韌的藤條編出的最好的手工藝製品，每把椅子都是量身定做，非常舒適，此外還配了一張小茶几、一個小書箱，一只菸盒，因為覺得有趣又買了一個精緻漂亮的鳥籠。

到了諧街，我們先把車停到一個印度珠寶匠的店鋪前。這條街上的商人跟歐洲的聯繫太多了，卻鮮有人更加懂得將他們的珠寶鑲嵌得像以前一樣質樸典雅，他們按照英國和法國的圖案進行加工，定期從伊達爾—奥伯施泰因[2]和佛茨海姆[3]進貨。他們的寶石大多很漂亮，經過耐心仔細的挑選，我確信自己至少淘到了一只鑲了紅寶石的雅致的金手鐲和一條嵌著灰白色以及淡青色月光石的纖細精緻的項鏈。我們的時間綽綽有餘，商人們願意來亞洲，也喜歡在這個地方做生意，他們有著無法估量的時間、耐心和禮貌，你可以在一家店裡盡情參觀兩個小時，諮詢所有的貨品和價格，卻什麼都不買。

隨後我們笑著步入一家華人商鋪，鋪子的門廳擺放著鐵皮箱和牙刷，緊挨著的房間專售玩具和紙品，再往裡一間全是青銅製品和象牙雕刻，最裡面的屋子則陳列著古老的神像和花瓶。歐洲小歌劇院的風情已經波及了這裡，不過僅僅滲透到店鋪的中央。擺放在裡間的貨品中也許有些是仿製品或者贗品，但是形態極具特色，表現出了一個中國人所能感受到的一切，既可以體味到凜冽的威嚴，亦能夠領略到原始

⊙2伊達爾—奥伯施泰因(Idar-Oberstein)，德國著名的寶石之都。——編注

⊙3佛茨海姆（Pforzheim），德國歷史悠久的首飾、鐘錶工業城市。——編注

怪誕之趣。我們在這裡買了一尊鼻子高高揚起的鐵象、兩三個飾有綠色和藍色祥龍或孔雀的古瓷盤，還有一套紅棕色和金色的舊茶具，上面還繪有古代家庭生活場景和戰爭場景。

下一站是一家日本人開的鋪子。這裡商品最為繁多，看得人眼花瞭亂，我們沒買銀器或瓷器，也沒買畫或木刻，卻買了一堆不值錢的小玩意兒：由薄木片製成、可以自由組合的收納盒，就是一些散發著香氣的小木盒，上面鑲嵌著很多漂亮的裝飾，只要用手指在機關處一按，盒子便會打開；木頭以及象牙做的益智玩具，玩具為球形，各部件經過巧妙設計，極富創意地組合在一起，拆開的時候小球會分解成三十份，若想把它們恢復原樣，可能要花上一星期的時間；人物和動物的小雕像，在這裡只需五十分美金就買得到，德國所有的手工藝人加在一起也做不出如此簡單卻充滿表現力的雕像。

接著我們去了爪哇人和泰米爾人的店鋪，先後在店內見到：巴迪布[4]製作而成的舊紗籠，上面印有小鳥、樹葉、螺旋形、三角形等圖案；南蘇門答臘產的紗籠，面料是夾金線編織成的質地厚重、價格昂貴的錦緞，閃爍著落日餘暉般飽滿的光澤；中國絲綢或者印度絲綢做的頭巾和寬腰帶，顏色多為金黃色、紅棕色和芥末綠；小

⊙4巴迪布（Batik）是馬來西亞、印尼一帶傳統的蠟染印花布。——編注

巧的硬底女鞋，鞋頭又細又尖，鞋底呈拱形，似日本的木橋，鞋面刺繡夾有銀絲並飾著珍珠。我想給自己買一條綠色紗籠裙和幾條棕色的紗籠褲，再配上一頂綠色天鵝絨帽子，一件黃色絲綢薄上衣，可作睡衣和家居服。然後欣賞了蕾絲織品，我對此完全不在行，它的價格也因而最貴。隨之映入眼簾的是漂亮的象牙雕刻：大象和寺廟。還有佛像和神像，衣扣和拐杖手柄，整根的象牙、骰子和玩具，小雕像以及錫器。

我們可不會忘記去華人區，而且距離那裡尚遠便要在北橋路下車，這條路上有一家挨著一家的古董店和舊貨鋪。在那兒除了靴子和海員的銀質懷錶、二手男裝和黃銅菸斗，還買得到漂亮的青銅舊碗盤和花瓶，若是有時間和耐心，有時候也找得到古瓷器。商鋪最昏暗的角落裡總會有一些玻璃櫥窗散發著神祕的光芒，櫥子裡或懸掛或擺放著精美絕倫的中國首飾：頗有年份的金戒指或者銀戒指，款式簡潔，只是簡單卻精巧地鑲嵌著寶石或珍珠；又細又長的金項鏈，齊聚了各種款式，都是用中國產的黃金製作而成，明晃晃的，呈淺黃色，還有一些項鏈比較粗，配在上面的吊墜是一條黃金做的小魚，一條模樣怪誕、尾巴可以擺動的魚，鱗片雕工精美，凸出的魚眼由蛋白石鑲嵌而成；金手鐲和玉手鐲，玉鐲呈乳白色並稍泛淡青，全都由整玉切割打磨而成；中國古金幣做的胸針，都有些許褪色，稍顯陳舊，全都是同樣精湛成熟的手工製品。如所有淳樸的民族一樣，這裡的人們也把鑄成貨幣的黃金視為具有裝飾性的有價之物。不管在過去還是現在，黑森林的農民時而還會用銀塔勒[5]當上衣紐扣，作同樣用途的還有錫蘭古代的銀提卡[6]，我自己的白色夾克配的就是這樣的提卡紐扣。隨處可見一些刻有漂亮的裝飾性字符的中國金幣和錫蘭金幣被用作胸針和袖口的紐扣，我在這裡的一家店鋪裡看到過一整套胸針的貨樣，造型時尚，價格便宜，全部都是由不同國家的錢幣加工而成，其中之一是用一枚古代德國二十芬尼[7]的硬幣製作的，那是一種又薄又小的銀幣，早已被廢除，現在已經見不到了。（以前在施瓦本地區，若是麵包店找給誰幾枚這種二十芬尼的銀幣，此人便會說：「這種錢真夠討厭，隨時都會丟掉，簡直太小了！」麵包師旋即不容置疑地反駁道：「真的嗎？我倒是希望有足夠多的這種錢！對我來說，它可一點兒都不小。」）

買完這些東西，我就破產了，心愛的美人也離開了我，此後我還總是會偶爾去逛逛這幾條商業街。我會站在陳列品前，透過櫥窗往裡看，也會聞一聞木頭的芬芳，摸一摸柔軟的織品，還會把玩一下各種各樣的益智玩具和無聊滑稽的小玩意兒，練練自己的熟巧程度，順帶飽覽了東方呈現出來並且賴以為經濟支柱的視覺大餐。所

⊙5銀塔勒（Taler），銀幣名稱。——編注

⊙6銀提卡，一種立方體的硬幣。——原注

⊙7芬尼（pfennig），德國早年的輔幣。——編注

有的事物，只要涉及錢，從床到飲食，從侍者到兌換貨幣，在亞洲這個地方都靠不住，可是亞洲的財富和藝術品就在周圍這些不知疲倦地閃爍著奪目的光芒裡，它們受到來自四面八方的追逐、竊取和明裡暗裡的破壞，這光芒或許已經暗淡許多，或許已經瀕於消失，然而其富裕程度和多樣性還是要比我們身在西方時有可能想像到的更勝一籌。遍地都是寶物，但只屬於那些懂得在它們身上發現觀賞趣味的人，因為不管我花一百美元還是數萬美元，傾其所有購得的漂亮物件只不過是零星幾樣，而且有可能很快便感到失望。寶物堆積如山到底是什麼景象，商品琳瑯滿目的亞洲大市集究竟何等光耀奪目，我只能在記憶中留下一抹餘暉，而無法帶回歐洲。不管以後我回到家中取出來的是滿滿一箱還是十箱中國以及印度的物件，都好像是從大海裡打了滿滿一瓶或者二十瓶水。即使我把一百噸水帶回家，它也不會是海洋。

16 兜風

在新加坡，天氣好的時候，再沒有比兜風更美妙的事情了！租一輛小型人力車，坐上去，除了眺望四周的景色，目光總會落在車夫的背部，看著它伴隨車夫一路小跑有節奏地上下起伏，看得心生平靜。這是一個華人的脊背，赤裸的肌膚呈古銅色，裸露在外的腿部有著同樣的古銅色，很健碩，像是受過專業的體育訓練，身上穿了一條已經洗褪了色的藍色粗布短褲，褲子很寬鬆，它的顏色與黃色的皮膚和褐色的街道，跟整座城市、空氣以及世界和諧地交融在一起。大多數街景看上去也很柔美、和諧，這得歸功於中國人，因為他們懂得如何穿衣打扮，他們身著藍色、白色和黑色的衣服，人頭攢動在大街小巷。

人群中，說話聲音很大而且透露著一股驕傲和豪放勁兒的是高個子的泰米爾人和其他印度人，他們四肢瘦削，膚色棕黑，有著一雙禁欲者的眼睛，第一眼看上去每個人都像被廢黜的王公，不過他們也不比馬來人強多少，全都無可救藥地盲目輕信每一樣舶來品，一個個穿得像星期天的女僕。隨處可見長相漂亮、皮膚黝黑的人身穿這樣顏色豔麗、刺眼的服裝，神情高貴地走在街頭巷尾，就像家鄉化妝舞會上一些富有想像力的年輕店員的衣著打扮，這可是真實版的服飾漫畫！

聰明的歐洲商人把印度絲綢和麻布變成了必需品，他們給棉花染色，給棉布印花，色彩比他們曾經在亞洲見到的要鮮豔得多，而且更富有印度特色、更熱烈、更張揚、更刺目，善良的印度人以及馬來人成了捧場的買主，他們把價格便宜、色彩鮮豔的歐洲布料圍在古銅色的髖部。十個這樣的印度人的形象就足以讓一條熱鬧的街道在色彩上躁動起來，變成不真實的「東方」的一隅。但是在這裡他們卻無法引起矚目，就算他們喜歡像國王一樣踱步而行，喜歡穿得像鸚鵡一樣光彩奪目，還是會被從中國過來的那個不起眼的黃皮膚民族，被整齊劃一、蟻群似的大量中國人包圍、遮蔽並且悄無聲息地湮沒。那些中國人不辭辛苦，密密匝匝地在上百條街道安下了家，聚居在一起，他們中間沒有人癡迷於色彩，想把自己盛裝打扮成國王或者小丑，他們總是身穿藍色、黑色或者白色衣服，無數這樣的人群遍布並且統治了新加坡這座城市。

這些長長的街巷如此靜謐，步入其中會讓人感到同樣的愜意，簡潔的藍色房屋鱗次櫛比，排成了安靜的藍色隊列，每一棟房子都依托在前一棟之上修建而成，卻又各自獨立，雅致與低調至少堪比巴黎的房屋，這也要歸功於中國人。不過同樣要感謝英國人修建了寬闊漂亮、乾淨整潔的道路，風景優美的花園城郊和蔚為壯觀的人造樹林，那些地方或許是全新加坡最美麗之處。

巍然的濱海中心恰好前臨大海，夾在那些富麗堂皇的建築和寬闊漂亮的運動場中間，中午時分的運動場，在毒辣日光的炙烤下，是如此空曠，光禿禿一片，顯得格外得大。濱海中心是一條異常開闊的林蔭大道，兩側都是高聳挺拔的古樹，枝葉交錯搭成了一個常年涼爽、總能密蔭遮日、威嚴肅穆的巨大廳堂。清晨，當驕陽直直地灼烤著波光粼粼的海面以及不計其數的輪船、帆船和搖曳的小舟，潔白的雲彩或呈塔狀，或似巨樹堆疊於天際線，矗立在大海、輪船和島嶼後面，在這裡兜風是件快意之事。中午，當四周的一切都飽受著酷熱的蒸烤孵化時，這裡卻舒適宜人。此時若是從刺眼的烈日下踏進這片涼爽的樹蔭，就宛如從夏日中午的集市步入一座在幽暗穹頂覆蓋之下的神聖中透著寒意的教堂。到了黃昏，金色的陽光斜灑而下，充滿了溫暖，海面吹來芬芳的習習清風，人們盡情呼吸空氣的馨香，身著白色衣衫愜意地乘車兜風，在平坦的綠色運動場上暢玩各種球類運動，草坪在霞光映照下閃爍著綠寶石般的光芒。晚間乘車來到濱海中心，就像進入了一個魔幻洞穴，星星鑽過樹冠間狹小的空隙，閃爍著綠色的光芒，成群的螢火蟲閃耀著同樣清冷的光焰，浮蕩在海面的船隻眨著成千上萬紅色的眼睛，恍如一座神祕的燈光之城。

城外花園似的大街沒有盡頭。一路行來，路總是那麼平坦、整潔，養護極好，隨時都有幽靜的岔道分出，穿過枝繁葉茂的綠色樹林通向寧靜風涼的田園小屋，每一棟房屋都會喚起鄉愁，似乎裡面滿載著幸福。瑰麗的樹木在頭頂上方和四周平靜而活躍地呼吸著，就這樣走了很久，穿行在一個遍布樹木的公園，尋不見盡頭。這些樹雖然會讓人想起橡樹、山毛櫸、樺樹和白蠟樹，看上去卻全都帶著些許異域感和童話氣息，而且要比家鄉的樹木更粗壯、更高大、更茂密。

突然又見到了房屋，一間間手作坊和店鋪，一幕幕中國人勤勞認真的生活圖景從身邊倏然而過，飾金的瓷器和黃色的黃銅製品在櫥窗裡閃閃發光，肥胖的印度商販不是坐在堆放著絲綢布料的低矮櫃台上，就是倚站在擺滿了鑽石和翠玉的陳列櫃旁。喧鬧的市井生活令人愉快地想起義大利的城市，不過完全聽不到義大利每一個小販叫賣手頭不值錢的貨品時發出的那種瘋狂的吼叫聲。

前方再次出現低矮的屋舍，其間樹木林立，城郊的空氣彌漫著些許鄉村的氣息，突然又置身於一片椰樹林。低矮的小屋、棕櫚葉屋頂、山羊、赤身裸體的孩子、馬來人的村莊，還有望不到邊際的棕櫚林，一片連著一片，光禿禿的樹幹威嚴挺拔，樹下光影斑駁，白色綠色，星星點點，交映閃爍。

眼睛好不容易適應了這應接不暇的景致，意識剛剛開始津津有味地描繪筆直的棕櫚世界與枝葉柔軟、樹種繁雜的公園是何等的不同，周遭的一切又在顛簸中轟然改變。目光驚詫地眺向一望無垠的遠方，此刻已來到海邊，這是一片從未來過的海域，開闊而且更加平靜，平坦的海灘上搖曳著棕櫚樹，還泊著寥寥幾條小舟。遠處一座座島嶼相連，島上藍色的山影勾勒出美麗的弧線。一艘中國帆船宏偉的輪廓兀立於一切之上，令它們相形見絀，這艘船有著精巧的船肋，整體宛如一隻龍翼直刺蒼穹。

17 新加坡之夢

上午，我穿梭於歐洲人的花園之間，在青草遍布、落葉鑲邊的小路上捉蝴蝶，在正午白花花的驕陽之下，步行返回城中，下午則漫步在新加坡那些熙熙攘攘的美麗街道，逛逛店面，買些東西。這會兒我坐在飯店高高的柱式大廳裡跟旅伴們一起吃晚餐，撚翅蟲奮力地在空中撲扇著大翅膀，發出嗡嗡聲，身穿白色麻布服裝的華人服務生表情平靜從容，輕手輕腳地穿過大廳，端上糟糕的英式印度菜，燈光映在威士忌酒杯中懸浮著的小冰塊上，閃來閃去，我坐在朋友們對面，雖然累，卻毫無饑餓感，於是呷著冰涼的威士忌，剝去小香蕉金黃色的外皮，讓服務生提前送來咖啡和雪茄。

其他人決定去看電影，我不想去，因為在烈日下忙活太久，眼睛過度疲勞，不過最終還是跟著去了，只是為了晚上有個照應。我們沒戴帽子，穿上輕巧的便鞋，走出了飯店，在涼爽的藍色晚風中，遛達著穿過一條條人流如織的街道。側巷要安靜一些，風燈下面，華人苦力蹲坐在由粗糙的長木板拼搭成的桌子旁，津津有味卻又鄭重其事地吃著各種各樣奇怪且複雜的東西，這些食物幾乎不值錢，裡面摻雜著許多我不認識的調味料。魚乾和熱椰子油散發出的濃郁香氣飄過燭光點點的夜晚，用神祕的東方語言發出的呼喚聲和喊叫聲迴蕩在拱廊中，漂亮的中國女子濃妝豔抹，坐在柵欄門前，她們身後是供奉在家中的華貴的神龕，金燦燦的，閃爍著幽暗的光。

電影院的看台由木板搭成，很昏暗，我們的視線掠過無數留著長辮子的華人的頭頂，投向刺眼的四邊形銀幕，電影中是一名巴黎賭徒的故事，搶劫《蒙娜麗莎》畫作和席勒《陰謀與愛情》[1]中的場景接踵閃過，所有的情節都很直白，不帶任何感情，這些西方的故事在中國人和馬來人眼中呈現出一種不現實或者折磨人的痛苦，而正是在這樣的氛圍中，劇情加倍地陰鬱。

我的注意力很快就渙散了，高高的電影院大廳一片昏暗，我的目光逐漸模糊，思緒分散、凝滯下來，就像提線木偶的四肢，在人們不需要並將它棄擲一旁時，動也

⊙ 1 席勒（Johann Christoph Friedrich von Schiller, 1759-1805）是十八世紀神聖羅馬帝國著名的詩人、哲學家、歷史學家及劇作家，也是德國啟蒙文學的代表人物之一。《陰謀與愛情》（*Kabale und Liebe*, 1784）為其知名作品。——編注

不動。我低垂下頭，用雙手托住，不久，那疲於思考並充斥了各種畫面的大腦產生的所有情緒便飄然而至。

我先是被一種微弱地喃喃自語式的朦朧感所包圍，身處其中讓我覺得很愜意，並不渴望去對它有所思考。逐漸，我開始意識到，自己躺在一艘輪船的甲板上，此刻是夜間，只有幾盞油燈還燃著，我附近躺了許多男人，一個挨著一個，正在熟睡中，每個人都舒展著四肢躺在自己鋪在甲板上的旅行毯或竹席上。

一個躺在我邊上的男人似乎沒有睡著。我看著他很面熟，卻不知道他的名字。他動了動，撐著雙肘坐起身，摘下戴在眼睛上的金色無框眼鏡，開始用一塊柔軟的法蘭絨小手帕仔細地擦拭它。這時我認了出來：他是我父親。

「我們去哪兒？」我睡意矇矓地問道。

他沒有抬眼，繼續擦著眼鏡，平靜地說：「我們去亞洲。」

我們用馬來語交談，中間夾雜著英語，這種英語讓我想起，我的童年已經過去很久了，因為那時我的父母總用英語談些祕密的事情，我一句也聽不懂。

「我們去亞洲。」父親重複了一遍，我恍然大悟。是啊，我們去亞洲，亞洲並不是一片大陸，而是一個非常明確，卻又充滿神祕感的地方，就處於印度和中國之間的某個位置。這些民族和他們的學說及宗教都發源於此，那裡是全人類的根基和一切生命的神祕之源。那裡豎立著神祇的雕像和律法的碑石。哦，我怎能有片刻將它忘記！我已經踏上追尋那個亞洲之路如此之久，陪伴我的有許許多多的男男女女，朋友以及陌生人。

我輕輕唱起我們的旅行之歌：「我們前往亞洲！」我想起了金光熠熠的龍，令人崇敬的菩提樹和神聖的蛇。

父親親切地看著我，說道：「我並非教訓，只不過是提醒你。」他這麼說，他就不再是我的父親了，他臉上浮現了一秒鐘的微笑，夢中我們的古魯[2]時常就是這樣一副面帶微笑的樣子，但是笑容轉瞬即逝。這張臉宛如蓮花般平靜圓潤，像極了覺行圓滿的佛陀的金像，臉上又露出了笑容，是耶穌基督持重、痛苦的微笑。

躺在我旁邊、微微笑了笑的那個人不見了。此刻已是白天，所有睡覺的人全起身了。我驚愕地迅速爬起來，在巨大的輪船上四處亂走，穿梭在陌生人之間，我看見黑藍色的海面出現一座座島嶼，有的島上怪異的石灰岩林立，閃爍著光芒，有的島上挺拔的棕櫚樹隨風搖曳，還聳立著深藍色的火山。聰明的、棕色肌膚的阿拉伯人和馬來人站在那裡，瘦削的雙手交叉放在胸前，面朝甲板彎身鞠躬，遵行教規進行

⊙2古魯（Guru），印度教和錫克教對上師或宗教領袖之稱。——編注

禱告。「我見到父親了，」我大聲呼喊，「我父親在船上！」

一個身穿日本印花晨服的年長的英國軍官注視著我，淡藍色的眼睛閃爍著光芒，他說道：「您父親在這裡，也在那裡，他在您體內，也在您身外，您的父親無處不在。」

我跟他握了一下手，向他講述說，我去亞洲，是為了看神樹和蛇，為了返回到萬物得以開始的生命的源頭，這個源頭意味著永恆的萬象歸一。

但是一個商販殷勤地攔住我，跟我攀談。這是個僧伽羅人，說一口英語，他從一只小籃子裡掏出一個個小布包，把它們逐一展開，包在裡面的大大小小的月光石顯露出來。

「漂亮的月光石，先生。」他信誓旦旦地低聲說道。我強烈地想要躲開，卻有人把一隻柔軟的手搭在我胳膊上，說道：「您送我幾塊小石頭吧，它們真的很漂亮。」這聲音隨即虜獲了我的心，就如一位母親捉住她逃跑的孩子，我急切地轉過身，跟來自美國的米斯·威爾斯打招呼。難以理解，我竟能把她忘記得如此乾乾淨淨！

「哦，米斯·威爾斯，」我愉快地喊道，「米斯·安妮·威爾斯，妳竟然也在這兒？」

「您願意送我一塊月光石嗎，德國人？」

我趕緊把手伸進包裡，抽出長條形編織錢袋，少年時祖父將這個錢袋給了我，卻又在青年時期被我丟失在第一次去義大利旅行的途中。我很高興能夠再次擁有它。我從裡面倒出一堆錫蘭的銀盧比，卻聽見我的旅伴，也就是那位畫家，微笑著說：「您可以把它們用作褲紐。在這個地方，它們一文不值。」我並不知道他也在那兒，而且就站在我身邊。

我吃驚地問他，他從何處來，瘧疾是否真好了。他聳了聳肩，說道：「真該把歐洲當代畫家都送到熱帶來，來到這個地方，他們會再次摒棄他們的橙色調色板。也正是在這裡，使用較暗色調的調色板與大自然會貼近得多。」

這一點顯而易見，我表示強烈贊同。美麗的米斯·威爾斯卻在此期間消失在擁擠的人群中。我不安地繼續行走在這艘巨輪上，但不敢從一群傳教士旁擠過去，這些傳教士圍坐一圈，橫阻在甲板上，他們唱著一首虔誠的歌，我很快就跟著唱和起來，因為我在家的時候就會唱這首歌：

心在其中飽受折磨和痛苦
卻追求不到眞正的歡愉……

我深有同感，憂鬱凝重的旋律讓我心生感傷，我想念那個美麗的美國女子，想念我們旅行的目的地亞洲，我發現造成不確定和焦慮的原因如此之多，於是便問一位傳教士，現在到底是怎麼一個樣子，他的信仰是否真的很好，像我這樣的男人是否會需要。

「您看，」我說道，言語間充滿對安慰的渴望，「我是作家和蝴蝶收藏者……」

「您弄錯了。」傳教士說。

我又解釋了一番。可是無論我說什麼，他都面帶微笑，一種明朗、純真、謙和、勝利的微笑，予以同樣的答案：「您弄錯了。」

我滿懷疑惑，逃也似地離去。我斷定，我理解不了，於是決定放棄一切，去尋找我的父親，他肯定會幫助我的。我又看到了那個嚴肅的英國軍官的臉，感覺聽到他在說：「您父親在這裡，也在那裡，他在您體內，也在您身外。」我明白，這是一種提醒，於是我屈身蹲下，以便沉下心，好在自己的身體裡尋找我的父親。

我靜靜地坐著，試著去思考。僅是做到這一點都很難，整個世界似乎都聚集在這艘輪船上，為我製造干擾。天氣也極其炎熱，我真想用祖父的編織錢袋換一杯新鮮的兌了威士忌的蘇打水。

從我意識到熱的那一刻起，這種撒旦一樣的酷熱似乎不斷加劇，就像一道可怕的、無法忍受的刺耳音浪。人們全然失態，他們像狼一樣捧著外面套了藤罩的玻璃瓶貪婪地狂飲，以最為罕見的方式尋求舒適。我周圍不斷上演無法控制的愚蠢行為，整艘輪船顯然正要陷入瘋狂。

剛才與我溝通不暢的那位友好的傳教士淪為兩名身高馬大的中國苦力蹂躪的對象，被他們肆無忌憚地當成玩具。他們給他套上一副地道的中國夾具，這裝置極其厲害，一按他就會把穿著靴子的腳伸到自己的嘴裡，又一按他的眼睛便從眼窩裡彈出來，就像香腸一樣，他想把眼睛再拉回去，卻發現自己辦不到，因為眼睛被打上了結。

這場景詭異惡心，但是帶給我的惶恐不安要比想像中少，至少不及瞥見米斯・威爾斯的那一瞬間：她已經脫去衣物，裸露出極其豐滿的胴體，身上一絲不掛，只纏著一條美麗的棕綠色的大蛇。

我絕望地閉上眼睛。我感到輪船迅速下沉，墜入燃燒著烈焰的地獄之口。

這時我耳畔響起一首多人合唱的莊重的歌曲，給我的心帶來慰藉，就像一個在濃霧中迷路的漫遊者突然聽到了鐘鳴，我隨即跟著哼唱起來。唱的就是那首神聖的旅行之歌：「我們前往亞洲。」歌聲中聽得到人類的所有語言，激蕩著各種崇敬、各種已被厭倦的人類的渴望以及上帝所創萬物的困頓和瘋狂的需求。我感受到父母的愛，感受到古魯的引導，感受到佛陀為我清心滌慮，感受到耶穌基督為我救贖，現在即將到來的不管是死亡還是極樂，於我而言完全不重要了。

我站起身，睜開雙眼，發現所有的人都聚集在我的四周，我的父親、我的朋友、那個英國人、古魯和我曾經見過的所有人的面孔。他們直視前方，目光中閃爍著激動和美好，我也看了過去，我們面前出現了一片千年古樹林，永恆地在那高聳入雲的樹梢的陰霾中沙沙作響，一扇古老的寺門在這宛如暗夜的神聖陰影中閃爍著金光。我們統統雙膝跪下，我們的渴望得到了滿足，我們的旅行終結了。我們閉上雙眼，俯下身，向地面叩首，一下，又一下，再一下，屏息並且有節奏地禮拜。

我的額頭狠狠地撞了一下，隱隱作痛，燈光射入我的眼睛，我吃力地活動著久坐僵麻的身體。我的額頭倚在看台護欄的木框上，我的下方，中國觀眾剃光頭髮的前額泛著蒼白的微光，銀幕暗了，電影院大廳迴響著久久不息的掌聲。

我們起身向外走。電影院裡酷熱難耐，彌漫著一股刺鼻的椰子油味。可是一到外面，夜晚的海風、港口閃爍的燈火和寂寥的星光隨即撲面而來。

18

印度蝴蝶

康提[1]應該是美麗的錫蘭島上最漂亮的地方，乘火車從可倫坡出發去那兒，一路上驚喜不斷，美景連連。康提曾是一座非常古老的王城和僧侶之城，後來遭到廢棄，最近英國人斥資將它變成了一個安逸乾淨、雲集了飯店和外國人的奢靡之地。儘管如此，康提仍是漂亮的，因為世上所有的金錢和全部的水泥都不能毀掉當地葳蕤繁茂的植被。在這裡，可以看到在綠色的山坡上，鬱鬱蔥蔥的灌木叢和樹林爬滿了更加濃密的攀緣植物，大得出奇的旋花和鐵線蓮如火如荼地盛開著，瀑布一般灑遍山谷，散發著芬芳，山谷中的人工湖造型怪異，與大自然格格不入。無畏的英國人在湖邊散步，年邁的女子手拿生鏽的鐮刀正在那裡割草，馬車夫、人力車夫、小商販

⊙1康提（Kandy），現今斯里蘭卡中部城市以及佛教聖地。一九八八年被聯合國教科文組織列為世界遺產地。——編注

還有匍匐而行、毫無廉恥的乞丐不斷地湧來，散步的英國人並不覺得受到他們騷擾，因為英國人很富有，是天才的殖民者，目睹飽受他們壓迫的民族沒落下去，是他們最大的樂趣。因為這種沒落是以一種極其人道、友好並且愉快的方式發生的，沒有殺戮，甚至也沒有剝削，它是一種無聲的、溫和的腐化以及道德上的摧毀。至少英國人的行為方式獨具特色，若是換成德國人或者法國人，所作所為會糟糕得多、愚蠢得多，置身於未開化的民族中，英國人確實也是唯一的看著並不奇怪的歐洲人。我並沒有被嚇住，而是在到達的第一天便試著盡可能多地遊歷康提。如果你樂於傾聽而且性情比較溫和，做到這一點並不容易，因為在康提城中散步就意味著要在那些藉旅遊牟利並貪婪成性的人中間奪路而行，可謂舉步維艱，憤懣不已。在歐洲，你也可能有同樣的遭遇，不過僅僅在那些受惠於英國人錢財的旅遊地。最後你會很開心，終於得以逃到一個咧著嘴笑的人力車夫面前，雖然這個人此前不知多少次用他的轅桿擋住你的道路，不知多少次被你趕走。他是對的，他非常清楚，對於那些剛到康提想在這裡散步的人，他和他的所有同行總能讓他們打消這個念頭並最終逃上某輛車。

你會習慣許多事情的。我已經勉強適應了新加坡和可倫坡的炎熱、原始森林的蚊子、印度的飲食以及腹瀉和絞痛，既然如此，那麼在這裡也必然沒問題。我學著從長著印度人那憂傷的黑色眼睛的漂亮小姑娘身邊走過，對她們的行乞視若無睹；學著用冰冷的目光拒絕看似聖徒、年齡足以當我曾祖父的白髮老者；習慣被各類可以用錢收買的人忠誠地追隨，並且知道只需像將軍一樣揮揮手外加粗聲喝斥便可將這種追隨限制在可以忍受的程度。我甚至學著開有關印度的玩笑，我發現大多數印度人用他們那深情、探求的虔誠目光根本不是在呼喚神祇和救贖，而只為索要錢財，即便如鯁在喉，我也要吞下去。

可是就當我幾乎成功的時候，我因為過於自信，結果幹了件讓自己抓狂的事。一天下午我手裡拿著捕蝶網便出了門，儘管我已經習慣於馬來人慣常的與人為善，還是提前思忖到，這樣會引起街邊年輕人的好奇，或許還有嘲笑，巷子裡的男孩果真全都大笑著在背後朝我嘰哩咕嚕地說僧伽羅語。我遇到一個胳膊下夾著書的青年，這個僧伽羅人正在讀大學，我問他，衝我喊的那些話是什麼意思。他禮貌地微微一笑，輕聲說道：「哦，先生，他們在說，您是一個想要捉蝴蝶的英國人！」那些男孩自然是在盯著看，似乎他們的喊叫招來了事端。我滿意地繼續往前走，並不驚訝於身後跟了另外一群男孩，這些孩子想要帶我去捕捉蝴蝶的好地方，殷勤地讓我留意每一隻從身旁嗡嗡飛過的蒼蠅，同時每次都伸出手向我索要一便士。這一切幾乎煩擾不到我了，當這條路變得安靜下來，前方出現一條看似比較荒僻的狹窄的林中小徑時，我深吸一口氣，用僅剩的幽默把最後這一撥討厭鬼嚇跑，然後迅速轉入這條幫我解了圍的小徑。

人總是這樣自以為是地走自己的路，在被不幸擊中的那一刻還覺得自己贏了。我得意地邁著步子沿路而行，以為自己又做了件聰明事，可就在此時，我的頭頂已是災禍高懸，一個魚鉤已經拋向了我。對此，我全然不知，而且過後許久都無法釋懷。一路上都有一個英俊安靜的男子或者說是追隨者跟在我身後三十步遠的地方，他一頭捲曲的深黑色頭髮，棕色的眼睛帶著憂傷，蓄著漂亮的黑色髭鬚。後來我才知道，此人名叫維克托．休斯，命運決定了我要成為這個男人的犧牲品。

他恭敬地打著招呼，向我走近，彬彬有禮地微笑著，大膽地用完美的英語提醒我，這條路通往一座採石場，那裡根本不可能捕獲蝴蝶。與此相反，另外一個方向，也就是再往右走走，就沒那麼糟糕了，從那邊向南，在山谷的另一側，是最好的捕蝶場所之一。我只是應聲「是」或「不是」，並且表示感謝，尚未多說，我們已經以某種方式交談上了並且親近起來。這個英俊男子憂鬱的眼睛裡，一種古老高貴的、備受壓迫的民族情愫帶著無聲的譴責注視著我，他的言語和神情流露出一種古老的文化，那是禮儀修養和佛家的溫良仁厚。我隨即喜歡上這個人，其中也摻雜了同情和尊重。雖然我這個頭戴涼帽的白皮膚外國人是老爺、是主人和先生，他這個窮苦的本地人向我鞠躬，可是他高貴的外表、他對當地情況以及蝴蝶的如數家珍和出眾的英語賦予了他一種我立刻感覺得到的優越感，因為維克托．休斯對蝴蝶的了解遠遠超過了我。他面帶一種如遇知音的微笑，說了一大串拉丁語名稱，雖然我從未聽說過，但為了掩飾自己淺薄的半瓶子醋的知識，便擺出一副施主的樣子點頭稱是。其間，我也數次略顯尷尬地用尊長的語氣（這是英國人跟當地人說話慣用的腔調）應聲說：「是的，是的，親愛的先生，康提的蝴蝶我都認識！」他跟我談起印度的蝴蝶，仿佛是某個棕櫚園經驗豐富的首席園藝師在同一個他認為是植物學家的陌生參觀者談話。我的英語不好，而且吝於表達，因此便不做解釋，以至於我無意間讓自己在謊言中越陷越深，幾乎一言不發，用這種無聲的表演把專家和科學收藏家的角色扮得越來越純熟。

我倆越來越親近，我默許維克托．休斯先生把我視作同行中某一類首屈一指的人物而且相信我很感興趣並有意於此，雖然我根本不曾有過這樣的興趣和意願。就在這個時候，他突然出人意料變魔術般地從衣服裡掏出一個漂亮的小木箱，隨後高貴的臉上顯露出兜售小販式諂媚的笑容，我剛剛湧上心頭的疑慮立刻得到了證實，他打開箱子，做了一個邀請的姿勢，我看見白色的箱底整齊擺放著精美的收藏品：做成完美標本的蝴蝶和甲殼蟲，只需區區十五盧比，他就賣給我。

我立刻意識到風險有多大，但是毫無抵抗能力。面對這個有禮貌並且幾近博學的僧伽羅人，我不可能突然轉變立場，沒錯，他袒露意圖，也就是他隱祕的需求差點增加了我對他的好感或者至少加深了我對他的同情，然而我壓根就無意購買，我甚至需要非常節約地使用餘下的旅費。

於是我讓說話的語氣多了幾分冰冷，深表遺憾地解釋說，我雖收藏蝴蝶，但不是買主，此外我對標本成品根本不感興趣。

休斯先生完全清楚這一點。他表示，那是當然，他已經立刻想到，像我這樣的收藏家是絕不會買蝴蝶標本的，他只不過是想拿幾件樣品給我看看。我當然只會買裝在紙袋裡的鮮活的蝴蝶，這些他打算今晚拿給我看。他知道，我住在皇后飯店，然後詢問六點鐘的時候是否可以在那兒見到我。

我不知道，我簡短地回答說，現在我希望可以不受打擾地繼續散步。他恭敬有禮地辭別了，我再次認為自己已經擺脫了糾纏，得以清靜了。

但是，休斯已然成為我不可抗拒的命運。傍晚時分，他站在飯店的大廳裡，淡定地跟我打招呼，我們寒暄了幾句天氣情況。隨即，他從門廳的柱子後面變戲法似的拿出了許多盒子、罐子和小箱子，我發現轉瞬間自己就被一圈印度蝴蝶所包圍，宛如一個品類繁多、擺放熟練的小型展覽。人們都圍過來觀看，維克托・休斯拿出一堆英國、美國、德國的承諾書和訂購信給我看。圍觀的人越多，我越不願意暴露我那糟糕的英語。於是我突然站起身，裝作似乎想起了什麼重要的事情，顧不上拿帽子和外衣，急匆匆奔向電梯，逃上了四樓。伴隨這次逃離，我徹底交出了主動權。

從那一刻起，我在康提除了這位休斯先生，再也別無他看。他會站在我步行經過的每一個街角，會拾起我從車上滑落的外衣，他知道我在飯店的房號以及我外出和吃飯的時間。如果我早晨等到八點鐘才出門，他會站在樓梯邊；如果某一天我六點半就已離開飯店，他還會站在那兒；如果我在一家店鋪裡逍遙自在地稍事休息，挑選風景明信片，他會腋下夾著一個小盒子，笑盈盈地出現在店門口；如果我在城外樹林中捉蝴蝶時一網捕空了，休斯會從拐角處轉過來，指著逃掉的那隻蝴蝶，報出牠的拉丁文名字：「我有品相好的這種蝴蝶，也是小雌蝶。我七點鐘帶去飯店！」

幾天以後，他如願以償，雖然我再不會用什麼客氣的言辭同他說話，但是花了十盧比跟他買了些東西。現在，我終於有權利對他置之不理、斥責他、用粗魯的手勢把他從我身邊攆走了。然而他一直如影隨形，一直那麼彬彬有禮，棕色的眼睛流露著憂傷，愉快地跟我攀談。當我喝斥時，他便恭順地垂下那雙瘦削的棕色的雙手。他總是隨身在口袋裡或裹著的腰布裡藏個小箱子、小盒子或者罐子，不分早晚，而且總有新玩意兒，忽而是一隻巨大的皇蛾，忽而是一片「活著的葉子」，忽而是一隻金龜子或蠍子。他會在我離開餐廳的時候從某根立柱背後的陰影裡走出來，他跟賣我牙粉的那個商販是親戚，跟與我兌換貨幣的那個人是朋友。他會在湖邊、在寺廟附近、在樹林中和巷子裡碰到我。清晨我洗完澡，會聽到他跟我打招呼。晚上當我很晚才從撞球廳回來時，會看見他疲憊不堪、面露嗔怪地站在門廳裡，禮貌地低垂著頭，等待的目光很平靜，外衣裡藏著一件不知是什麼的寶貝。我習慣於遠遠地便在街道上擁擠的人群中認出他並且逃走，習慣於感覺到他突然間靠近並且讓自己的目光變得呆滯；我學著在出遊時疑心重重地查看每一條岔路，只為搜尋他的身影，學著像吃白食的人那樣偷偷離開飯店。他多次出現在我的夢裡，即使發現他晚上藏在我的床底下，我也不會感到吃驚了。

看不見他，我就再也無法想起康提，他的樣子已經深深地銘刻在我心裡，蓋過了所有的棕櫚樹、竹子、寺廟和大象。當我離開錫蘭已有一段時間並且乘船在海上航行多日以後，每天清晨從船艙前往甲板時，我偶爾還會懷著羞愧感惴惴不安地環視四周，查看是否在某扇門邊、某個柱子後或者某個通道裡會有維克托·休斯在暗中窺視自己。

19 康提日記

晚上，我躺在飯店房間裡。最近幾日我一直以紅酒和鴉片為食，我的腸子一定是具有某種瘋狂的生的力量或者絕望的死的勇氣，所以儘管如此它還是消停不下來。今天晚上這股力量或勇氣再也不足以支撐我站立和行走，而且現在正是雨季，雖然才剛傍晚，窗外的夜空已被連綿陰雨攪得一團漆黑。不管用什麼方式我都要擺脫眼下的現狀，於是我想嘗試著把兩個小時以前看到的事情記錄下來。

那時大約六點鐘，天色已幾近黑夜，雨下個不停，我起床外出，不過因為長時間躺著並且沒有吃飯而身虛體弱，因為服用鴉片治療痢疾而頭昏腦脹。我並未多加思考，便在昏暗中拐到廟街，不消片刻就到了這古老聖地門前的護寺河上，揚善重悟的佛教就是在這座寺廟裡發展壯大成為鮮有的偶像崇拜的真實典範。除它以外，也就是西班牙最虔誠時期的天主教顯得還有些智慧。一種夢幻般神祕的音樂向我迎面撲來，到處都跪著黑皮膚的禱告者，他們深深地彎下腰，口中念念有詞，一股甜甜的濃郁的花香突然襲來，讓我心醉神迷。我從寺廟大門外向昏暗的佛殿望去，只見裡面無數根細蠟燭閃爍著鬼火一樣瞭亂的微光。

未幾，一名嚮導抓住我推著往前走，兩個身穿白衣的僧伽羅少年匆匆趕來，他們有著俊朗的面容和溫柔的眼睛，每個人手裡舉著兩支點燃的蠟燭，專為幫我引路。他們走在前面，行路時總是深彎著腰，殷勤地照亮每一級異常窄小的台階和每一處我有可能撞上的突出的橫梁。我精神恍惚地開始了這次歷險，就如進入了一個充滿童話色彩、遍地寶藏的阿拉伯山洞。

一個黃銅缽盂舉到了我的面前，索要進入寺廟的香資，我放了一盧比進去，繼續朝裡走，舉著蠟燭的少年在前面帶路。有人向我遞上寺中散發著甜甜香氣的白色鮮花，我選了幾朵，付了錢，把它們作為供品擺放在一些壁龕裡或者塑像前。在我眼前，幽暗正與無數星星點點的金色燭火翩然共舞，我緊跟著嚮導，路過小石獅和許多蓮花雕塑，途經雕鏤彩繪的立柱橫梁，然後沿一段幽暗的台階拾級而上，來到一個巨大的玻璃龕前，玻璃和邊框上全都是灰塵，裡面擺滿了佛像，有金的和黃銅的、銀的和象牙的，還有花崗岩的和木頭的、雪花石膏的和裝飾了寶石的，都是北印和南印、暹羅和錫蘭的雕像。在一個飾滿花紋的銀龕裡，只供奉了一尊用一塊獨一無二的巨大水晶雕刻而成的佛像，這尊古老而精美的佛像平靜優雅地端坐在那裡，舉在我身後的燭光映在它玻璃般透明的身軀上，閃爍著色彩斑斕的光。在所有這些為數眾多的佛像中，我獨獨忘不了這尊水晶佛，也唯有它真正表現出了這位釋尊的完美無瑕。

這裡到處都是一群群的僧侶、寺廟的僕役和化緣者，隨時都會有手向我伸過來，隨處都會有銅缽盂或銀缽盂遞到我的面前。簡而言之，我給出了三十多盧比的小費。然而我這麼做，只是因為當時處於一種半迷幻狀態而且神志並不完全清醒。我對那些卑劣的僧侶並沒有絲毫的敬意，我也瞧不上那些雕像和佛龕、那可憐的黃金和象牙、還有那檀香木和白銀，可是我感觸頗深並且對那些善良溫和的印度人充滿了同情，他們在這裡用了數百年的時間讓一個極其純粹的學說扭曲成了醜陋的畸形，而且還為此修建了一座龐大的建築，裡面充斥著無助的宗教信仰、愚忠的禱告者和獻祭品、懷著犧牲精神步入迷途的人類的愚蠢和天真。頭腦簡單的信徒無法理解這部分殘留下來的、孱弱盲目的佛教學說，他們崇拜它、保護它，把它奉為聖明加以頌揚，他們為它奉上供品，雕刻昂貴的塑像——與此相反，我們這些聰明、有思想、更能接近佛教以及每一種認識本源的西方人又在做什麼呢？

我拖著疲憊的腳步繼續前行，經過聖壇和圓柱。寺廟裡價值連城的寶藏讓我嘆為觀止，不時會有黃金或紅寶石突然發出光芒，還有大量黯然無光的古老的銀器。除此以外，我還驚訝地看到僕役和僧侶的卑劣、木頭箱子和玻璃匣子的匱乏、人工照明的嚴重不足。僧侶們拿著寺廟裡古老的聖書四處招搖，這些書是用銀線裝訂而成的，非常珍貴，裡面神聖的經文由梵語和巴利語書寫，很可能再無人能夠讀懂。他們還拿寫了字的棕櫚葉換取小錢，葉子上寫的並不是優美的箴言或名字，而是日期和地名，儼然一張平淡無奇、拙劣的收據。

最後參觀到的是聖壇的神龕和舍利容器，神聖的佛牙就供奉在裡面。我們歐洲也有這些東西。我捐了一小筆香火錢便離開了。錫蘭佛教的美麗可以用來拍照或者寫相關的隨筆。除此以外，它不過是許許多多令人感動卻又怪誕得讓人備受折磨的形態中的一個，無助的人類的痛苦在這些形態中表現出了它的困頓以及在精神和力量上的不足。

突然間我被拽入夜色之中，昏暗的天空布滿羊毛狀的陰雲，傾盆大雨下個不停，少年手裡拿的蠟燭倒映在我腳下神聖的烏龜池裡。哎呀，這裡總是少了一些神聖和神聖之物，可是對於那位並非用石頭、水晶和雪花石膏雕刻而成的佛陀來說，一切都是神聖的，一切都是上天的安排！

我被人推搡來、拉扯去，覺得昏暗中的自己就像個瞎子，毫無主意地隨著人流快步而行，匆匆忙忙地走過幾段台階，穿過潮濕的草地來到露天處，面前突然出現第二座略小一些的寺廟，被燈火照亮的敞開的寺門宛如黑暗中的一個紅色四邊形。我走了進去，獻上鮮花作為供品，隨著擁擠的人群來到一扇內門前。我忽然驚訝地發現，近在眼前的牆壁裡面供奉著一尊巨大的臥佛，它長達十八呎，由花崗岩雕刻而成，上面塗繪著明豔的紅色和黃色。奇怪的是，每尊雕像都秉承一個美好的理念：功德圓滿的佛陀應該面容祥和、肌膚光潔，沒有一絲皺紋，這些面部扁平、神情空洞的雕像如何能令這一理念熠熠生輝呢。

結束了參觀，我又站在了雨中，身上帶的錢全都花光了，可是還要付錢給嚮導、拿蠟燭照亮的少年和第二座略小的寺廟裡的僧侶。我看了一下錶，驚訝地發現，今天晚上逛寺廟只用了二十分鐘。我迅速返回飯店，雨中我的身後跟著一小撮從寺廟裡追隨我而來的人。我從飯店的前台取了錢，分發給他們，僧侶、嚮導以及手舉蠟燭引路的少年無不折服於金錢的力量，紛紛鞠躬致謝。我打著寒噤爬了許多級樓梯，返回我的房間。

20 漫步康提

著名的康提坐落在一個狹窄得令人感到壓抑的山谷裡，旁邊是一個大煞風景的人工湖。這裡除了古老的寺廟，當然還有異常美麗葳蕤的樹木，此外再沒有什麼值得稱道的了，或許它還具有被富有的英國人有計畫地腐化了的異國小城的所有惡習和缺點。從康提出發不管往哪個方向去，都有一條世界上最美麗的散步的小徑通往一片風光旖旎的地方。可惜的是，儘管我在這裡逗留的時間比較長，也僅僅看到了一半的美景。今年的雨季遲到了，康提持續處於烏雲密布、濃霧瀰漫的天氣之中，就像是晚秋時節黑森林裡的某個山谷。

一天下午，我外出散步，在綿綿細雨中穿過田園風情的馬拉巴爾大街，以欣賞半裸的僧伽羅青年為樂。我失望於面對典型的熱帶風光卻從未體會到回歸古代的愜意和身在家鄉的感覺，但是每次看到因為沒有憂慮而簡單質樸的原始人性時反倒有了這種感受。平日裡我們總是在義大利尋找「南方的純潔」，可是這種原始人性在印度這個地方遠比在義大利發育得更為美麗，更為真摯。首先在東方這片土地上完全沒有荒唐的妄自尊大，也沒有人喜歡粗魯地大吵大嚷，而在地中海沿岸城市，每一個報童和賣火柴的小男孩都用這樣的吼聲宣告自己是這個世界聲響的中心。印度人、馬來人和中國人生活的城市人口稠密，數不清的街道彌漫著一種緊張忙碌、色彩繽紛的生命力，這生命力在綻放的時候幾乎如螞蟻一般悄無聲息，這令我們南歐的城市無不感到羞愧。尤其是僧伽羅人，儘管他們平時很少有什麼值得稱道之處，但是每個人都是以一種在西方尋不到的溫良寬厚和安分守己過著自己簡單輕鬆、一成不變的生活。

每一座小屋前，都掛著一個質樸的小花壇，懸蕩在屋牆和路肩之間，每個花壇裡都盛開著幾株玫瑰和一棵小小的花樹，樹上開的正是佛牙寺裡的那種鮮花；每一家門檻前，都閒蕩著幾個棕黑色皮膚、留著長髮或者怪異髮型的漂亮小孩，年齡小一些的全都赤身裸體，只有胸前掛著護身符，腳踝和手腕戴著銀鐲子。我注意到，與馬來人截然不同，他們不害怕陌生人，甚至很喜歡主動地嬉笑逗趣，常常還不會說僧伽羅語，便已經學會喊著他們掌握的第一個英語單字 money 來討錢了。小姑娘和年輕女子大多非常漂亮，無一例外地長著一雙美麗的眼睛。

一條岔路陡然消失在濃密雜亂的綠色之中，我被吸引住了，於是沿路而下穿行在一條鬱鬱蔥蔥，長滿了各種植物的深谷，這個山谷就像溫室一樣滿溢著芬芳。山坡上開闢出許多小塊的梯田，上面種植著水稻，滿是泥沼的田間有人正在赤身勞作，還有灰色的水牛辛苦地犁著田。

走完這條小徑最後一段陡峭的下坡路，我突然便站在了馬哈韋利河[1]的河岸上。這條奔湧在群山之間的美麗河流因雨水而激漲，狹窄的堤岸皆為岩石所成，湍急的河水擊打著兩岸烏溜溜的地殼原石驟然下落，奔湧而去。形狀怪異、像小島一樣的大石頭和礁石都是黑黝黝的顏色，表面光滑，寸草未生，像是由青銅所鑄，凸現在泛著棕色的水沫裡。

在一片寬闊的岩石灘旁，停靠著一條排筏狀的渡船，一個年邁的盲人坐船來到岸邊，伸手摸尋著向上攀爬河岸陡峭的台階，臉上沒有絲毫急躁，雨水順著乾巴巴的黃色雙手流到他的衣服裡。我迅速登上這條小筏船，渡往對岸，經過近岸處淺紅色

⊙1 馬哈韋利河（Mahaweli Ganga），斯里蘭卡最長的河流，發源於島上東南部，向北流經康提。——編注

的多岩石地帶，攀上對岸的岩石台階，我沿著一條山路向上而行，穿越遮陰蔽日的樹林，又經過一座座小屋和種植水稻的梯田。人們剛剛收割完畢，現在要把這泥沼似的水田進行翻耕，以便立刻再次播種，因為這裡的氣候條件好，土地異常肥沃，年年都是一次豐收接著一次豐收。這個狹窄山谷的土壤是紅色的，而且茂密的植被生長迅速，當雨水嘩嘩而至時，它便散發出灼熱的豐饒氣息，仿佛到處都是濕軟的泥土正在隱祕的自然生發中沸騰。

沿路向上兩哩開外的地方，據說有一座佛教石窟寺，也是錫蘭最古老、最神聖的石窟寺。很快，我就看到，在我頭頂上方緊貼著陡峭的山壁修建而成的這座小寺廟以及它旁邊僧侶們的小花園。現在來到了寺廟，廟前的岩石地面坑坑窪窪，積滿了雨水，前廊已年久失修，頂部是最近才建的光禿禿的牆拱，一切都是那麼荒涼、幽暗和陰鬱。一個男孩跑去把一位僧侶帶到我跟前，這座聖地的第一道門是關著的，僧侶手裡拿的兩根蠟燭已經燃得差不多了，燭光怯生生地閃爍著，無法照亮這些漆黑靜謐的石室，只有年邁的僧侶光溜溜的腦袋在微弱的紅色燭光中晃來晃去，燭光時而也會讓牆壁上某一塊古老的壁畫重現生機。我想看得仔細一些，於是我們就用這兩束微弱的、冒著煙的小燭光一吋一吋地沿著牆自上而下一直照到地面，仿佛這繪有濕壁畫的高大牆壁是一個集郵展。古老原始的輪廓由黃色和紅色輕輕勾勒而成，描繪了源於佛教傳說的許多親切有趣的精彩場景：佛陀離開家；菩提樹下的佛陀；佛陀及其門徒阿難陀和阿若憍陳如[2]。我不由自主地想起了阿西西[3]，喬托[4]在那裡把有關聖方濟的傳奇故事繪製在聖方濟教堂高大空曠的前廳的牆壁上。這些壁畫有著同樣的精神氣息，只是這裡所有的壁畫畫幅全都很小，畫風柔美，或許把文化和生活繪入了畫中，但是沒有個性。

老僧侶打開了最裡面的那道門。眼前一片漆黑，黑暗後面便是石窟。我猜想那裡一定有異乎尋常的東西，因為我們是舉著蠟燭逐漸靠近的，所以在光線和陰影中晃動著顯現出一個巨大的形狀，超出了微弱的燭光照亮的範圍，我感到毛骨悚然，漸漸才辨認出這是一尊巨型臥佛的頭部。臥佛的臉上泛著白色的亮光，我們借著小小的燭光只能隱約看到肩膀和胳膊，其餘部分都湮沒在黑暗之中。我不得不來來回回走了很多趟，還要麻煩僧侶用各種姿勢舉著這兩根蠟燭，才模模糊糊地把整座雕像看個完整。我看見的這尊臥佛有四十二呎長，龐大的身軀填滿了洞壁，左肩抵著岩石，倘若它站起身來，整座山都會在我們頭頂上方轟然坍塌。

這裡也讓我不由自主地想起了一段相似的經歷。多年前，我曾經去過亞爾薩斯某

⊙2阿若憍陳如尊者，佛教最初五比丘之一，為第一位證得羅漢果的阿羅漢，排在「五百羅漢」首位，並有「聖首」之稱。——譯注

⊙3阿西西（Assisi），義大利中部佩魯賈省（Provincia di Perugia）的城市，也是方濟會的創始者聖方濟（San Francesco di Assisi，1182-1226）的出生地，擁有許多中世紀的藝術傑作，例如聖方濟大教堂。——譯注

⊙4喬托（Giotto di Bondone，1267-1337），義大利畫家及建築師，被譽為「西洋繪畫之父」。——編注

個小村莊裡的一座哥德式小教堂，陽光傾斜著透過滿是灰塵的彩繪玻璃，灑下淡淡的、五顏六色的光點，我抬頭仰望，震驚地看到頭頂上方半明半暗處懸垂著一個極其巨大的耶穌基督的雕像被釘在十字架上，紅色的傷口看上去很嚴重，前額流著血。

如今，我們已經取得了長足的進步。作為人類當中極其渺小、極其微不足道的一部分，我們不一定非得再需要流著血釘在十字架上的耶穌抑或沒有皺紋沒有微笑的佛陀，這是件好事。我們想繼續克服對祂們和其他神祇的依賴，想學會過一種沒有神存在的生活。我們的孩子是在無神論的環境下長大的，倘若有一天他們重拾勇氣、喜悅和靈魂的悸動，在內心深處樹立起如此清朗、偉大和明確的紀念像和象徵物，那會是多麼美好！

21

皮杜魯塔拉格勒山

為了悄悄地與印度做一個美好而隆重的告別，我在出發前的某一天，伴著清晨的小雨，獨自一人神清氣爽地去攀登錫蘭最高的山峰——皮杜魯塔拉格勒山[1]。如果用呎來表示，它的高度聽上去是非常震撼的，但實際上也就剛剛超過兩千五百公尺，登山無異於一種散步。

清晨的濛濛細雨，在努瓦勒埃利耶[2]涼爽的綠色高地山谷中播灑下一片銀光，這裡是典型的英屬印度風格，有蓋著波紋鐵皮的屋頂，還有奢華的大型網球場及高爾夫球場，僧伽羅人則是要麼在他們的小屋前捉身上的虱子，要麼裹著羊毛頭巾瑟瑟發抖地坐著。類似於黑森林的風景死氣沉沉、雲遮霧繞。除了幾隻小鳥，我有很長

⊙1皮杜魯塔拉格勒山(Pidurutalagala)，高度約為二五二四公尺。——編注

⊙2努瓦勒埃利耶(Nuwara Eliya)，位於康提東南的知名茶鄉、避暑勝地。——編注

一段時間只在花園的一片樹籬裡看到一隻肥碩的豔綠色蜥蜴，牠捕捉昆蟲時邪惡的動作吸引我駐足觀察了許久。

山路在一個小峽谷中開始向上延伸，那幾個屋頂消失了，一條水流湍急的小溪在我腳下咆哮著奔流不息。路又窄又陡，我沿著它勻速而上，足足走了一個小時，穿過了稀疏的灌木叢和一群群討厭的蚊子，只有在山路拐彎處才能偶爾眺望到遠處的風光。除此以外，看到的都是同一個風景優美但有些單調的山谷，還見得到谷中的湖水和飯店的屋頂。雨漸漸停歇，涼爽的山風也慢慢平息，偶爾還會出現幾分鐘太陽。

我已經登上了前山，山路繼續延伸，越過泥濘的沼澤和很多漂亮的山澗小溪。這裡的阿爾卑斯玫瑰比家鄉開得更加繁盛，粗壯的樹幹足有三人高，還有一種開著毛茸茸白花的銀色野草很像高山火絨草。我發現了許多家鄉森林中的野花，但是每朵花都更高更大，極其罕見，而且都具有高山植物的特徵。這裡的樹木可不管什麼樹木線，一棵棵枝繁葉茂地茁壯生長，直插雲霄。

我漸漸接近最後那座山峰，山路開始陡升，我很快又被森林包圍，一片死般靜寂、充滿魔力的森林，林中像蛇一樣屈曲盤旋的樹幹和枝椏布滿了有著又密又長淡白色鬚莖的苔蘚，對我的侵入視而不見，林中蕩漾著一種潮濕、濃烈的樹葉的氣息和晨霧的味道。

這裡舉目所及都很漂亮，但並不是我之前暗自設想的樣子，我已經開始擔心，今天或許會讓我對印度的種種失望再添上一筆。就在這時，森林到了盡頭，我穿過一片如莪相[3]詩中描述般灰色的草原，渾身熱乎乎的，有些上氣不接下氣，卻發現，那光禿禿的頂峰以及峰頂的一座小金字塔已然就在近前。一股冷冽的涼風向我襲來，我披上大衣，慢慢地攀登著最後幾百步。

我在山頂看到的，或許並非典型的印度風情，但卻是我對整個錫蘭的最深刻、最純粹的印象。風剛好把努瓦勒埃利耶整個遼闊的山谷滌蕩得清朗明澈，我看見錫蘭黛色的群山層巒疊嶂，雄偉壯麗，正中間是古老的神山亞當峰[4]上美麗的金字塔。在不見盡頭、深不可測的遠方，是波瀾不驚的藍色大海，山海之間則是千峰萬巒、寬闊的山谷、狹窄的溝壑以及河流和瀑布，是這整座有著無數褶皺的多山的島嶼，古老傳說中的伊甸園就在這座島上。我的腳下，滾滾雲海奔湧著穿行在山谷之中，身後雲山霧罩，從黑藍色的深淵升騰而起。寒冷的山風呼嘯著，粗暴地吹走了一切。在潮濕的空氣中，遠遠近近因為受到焚風影響，無不氣清景明、物豐果碩，似乎這

⊙3 莪相（Ossian），即奧伊辛，居爾特神話中的古愛爾蘭著名英雄、吟遊詩人。——譯注

⊙4 亞當峰（Adam's Peak），又稱聖足山，是一超越宗教派別的朝聖地。——編注

片土地真的就是那伊甸園，似乎人類的始祖現在正從那雲霧繚繞的藍色高山大步流星、矯健有力地走向山谷。

這片壯麗的原始風光要比此前我在印度見到的所有事物更令我感觸至深。棕櫚樹和極樂鳥、稻田和富饒的港口城市裡的寺廟、熱帶低地肥沃得流油的山谷，這一切以及原始森林本身，都是如此美麗，如此令人著迷，但是我卻一直感到既陌生又奇特，從未完全靠近，從未徹底擁有。在這山頂的冷風和雲蒸霞蔚之中，我才全然明白，我們的本性和我們北方的文化在那些更加荒蕪、更加貧窮的國度紮根得多麼徹底。我們受到想像中那個神祕而美好的故鄉的驅使，滿懷對南方和東方的渴望來到這裡，我們在這裡找到了伊甸園，一個遍及大自然的所有饋贈並讓它們繁茂生長的地方，找到了生活在伊甸園中淳樸、簡單、天真的人們。但我們自己卻是不同的，我們在這裡是陌生人，沒有公民權，我們早就失去了伊甸園，我們希望擁有和建立的新的伊甸園並不能在赤道邊和東方溫暖的大海畔找到，它在我們心中，在我們北歐各國自己的未來。

22 返鄉

我又一次夜以繼日、日復一日、週復一週地航行在藍黑色的大海，蝸居在一間迷你船艙裡。傍晚時分，我倚著船舷可以站上幾個小時，看著一望無垠的黑色海面在晚霞中變得明亮起來，看著綠色的晚空中，一個個星座奇妙地出現，閃閃發光，一輪明亮的彎月像一葉小舟在黑暗中漂浮。英國人躺在甲板上的躺椅裡，讀著舊的英國雜誌和週報，德國人在吸菸室裡用皮質骰子筒擲骰子，我也經常一起玩。當那位身材火辣、舉止豪放、古銅色肌膚的檀香山女子經過時，甲板上偶爾會出現安靜緊張的氣氛，她的每一步都像踩了彈簧，扭動的身軀充滿著生命的活力和野性自信。沒有人愛上她，沒有人覺得自己可以讓她臣服：人們盯著她看就像在看一種美麗卻威力超強的自然現象，如一場雷雨或者地震。我們當中許多人都喜歡那個嬌柔纖細、身高兩公尺的英國姑娘，她長著一副男孩的面孔，會像天使一樣微笑。她去中國拜訪了親戚，又去了趟海參崴，現在經蘇伊士運河回國。她白天穿著做工精細、實用的旅行服裝，晚上則穿上又大又長的禮服，顯然，她只需要揣著自己的可愛走遍地球上每一片海洋和每一個國家，用這樣的方式度過自己燦爛的青蔥歲月。

我所有的心願和思緒都已飛回了家鄉。儘管如此，那遠在天邊的家鄉依然還是有些不真實，過去幾個月裡許許多多印象深刻的經歷像剛剛發生一樣帶著感官上的清新縈繞著我。如果我對這些印象有所思考，就會發現，它們當中只有很少一部分談得上真正的「異域風情」。大多數印象都具有純粹的人性的特徵，我認為它們之所以重要和值得珍惜，並不在於異國服飾，而是因為我在其中發現了與自己以及每一個人的相似性。

始終讓我記憶如新的充滿異域風情的畫面有：檳榔嶼的棕櫚海灘以及那裡的白色沙灘和黃色的漁民小屋；海峽殖民地和馬來聯邦的城市裡燈火通明的藍色華人街；廖內群島[1]連綿不斷丘陵起伏的島嶼；原始森林中的猩猩群；蘇門答臘島上棲息著鱷魚的河流。最後一個這樣的印象來自努瓦勒埃利耶的山頂。在那裡，所有的一切似乎都家鄉般地簡單、粗獷和蒼莽，沒有寺廟，也沒有棕櫚樹。當時就在我頭一次外出時，一朵美麗的白色小花突然開口對我說話，一直談到我印象最久遠、最強烈

⊙1廖內群島（Kepulauan Riau），印尼的島群，位在蘇門答臘以東、麻六甲海峽東南的入口。——編注

的每一個寶貴記憶，這些印象是我們還在孩提時代獲得的，以後任何的高山大海都無法再留下同樣深刻的記憶。在嶄新、陌生並且膚淺的印象中生活幾個星期以後，我發覺自己被這朵花撩動了心弦，勾起了回憶，當我四處尋找時，卻發現，它就是我童年時期盛開在母親房中的那朵花萼碩大的白色馬蹄蓮。在繼續的追尋中，我找到了黑森林的祖宅中被當作寵兒和傲嬌的珍品養護的那種白色大花，成百上千株簇擁在一起，盛開綻放，就像家鄉四月裡的黃色小花。看著它們如此美麗和繁茂，我卻心生些許不滿和不快，因為我看到曾經是母親的驕傲、得到母親悉心照顧的花朵，在錫蘭這個地方竟被無視成野花雜草自生自滅。

這漫長的海上之旅中最美麗、給我印象最深刻的或許就是索科特拉島[2]，從北邊看過去，它有著蒼白、死寂的沙坡和怪石嶙峋、陡峭險峻、危峰兀立的石灰岩山脈。其次就是卡拉布里亞[3]的最南端，那裡荒涼的岩石山中有一座座孑然孤立的千年古石城。不能忘記的還有西奈山，它巍然聳立在柔和的玫瑰色的霞光中，展露出高貴的身姿，還有我回鄉途中在埃及境內天空五彩斑斕的光芒中看到的蘇伊士運河。

相比所有這些美麗的畫面，給我留下更加深刻記憶的是目睹到的許多有關人性的小事情。其一是那個瘦削安靜的中國僕從，他把薄薄的竹席鋪在主人房門前的地板

⦿2索科特拉島（Suqutra），東北非以東、印度洋西部的群島，隸屬葉門。——編注

⦿3卡拉布里亞（Calabria），義大利南部的大區，範圍包括從地圖上看像是足尖的義大利半島。——編注

上，守在那裡睡覺。他會因為一件無關緊要的小事，半夜被主人吼醒。他困倦不堪，先是轉轉頭，動一下眼皮，隨後睜開那雙看上去既聰明又有耐心的棕色眼睛，接著站起身，整個人清醒了，全無怨意，謙恭地輕聲應道：「先生！」

還有巴當哈里河畔指揮林業工人的馬來人，他出身貴族，是前任拉者[4]的親戚，他身材瘦削，長著一張英俊而憂鬱的臉。一天晚上，我看見他悄無聲息地走上我們所在的敞廊，熄了手中的燈籠，向房主通報，他的翩翩風度和高貴神情，是我們鮮少能在家鄉某位舉止文雅、出身高貴的軍官身上看到的。

接下來是原始森林的村落裡一群群膚色略黑的孩子，他們目不轉睛地看著我們的小船抵達，既好奇又緊張，當我們踏上陸地的那一刻，他們又驚恐萬分、悄無聲息地四散逃去，像小動物一樣消失在森林裡。

晚上在華人街看著年輕人成雙成對地散步，是多麼美妙的事情。這些年輕人舉止文雅，身材纖瘦，長著美麗的棕色眼睛和乾乾淨淨、笑逐顏開、充滿智慧的面孔，一身素白或者全黑，雙手修長，透露著高貴和書卷氣。他們兩兩一起愉快地走在路上，步履輕柔，一人左手輕扣朋友的右手或者把胳膊搭在他的肩上。

馬來群島上到處都是脾氣好、長相漂亮的馬來人，他們受荷蘭人的嚴苛管制，有

⊙4拉者（梵語Raja）或譯作拉惹，是東南亞以及印度等地對領袖或酋長的稱呼。——原注

禮貌而且謙恭順從。錫蘭則是那些溫柔體貼的僧伽羅人。你呵斥他們，他們便像孩子一樣做出一副傷心的表情；你命令他們，他們便假裝幹勁十足地開始工作；你跟他們說句逗樂的話，他們便樂得臉上笑開了花。他們都擁有同樣的美麗的眼睛，眼神中充滿了懇求，他們的情緒容易受到波動。在這種情況下，所有人都還遺留有一部分原始的無罪和無責。他們一頓飯的工夫就會忘記重要的事情；他們毫無節制地沉迷於玩樂，以至於有時候會當真並且劇烈地爭吵打鬥起來，可是在真正的危急關頭以及面對重要事情的時候，他們又太過於怯懦。在努瓦勒埃利耶，我看到了一個工人，他被工地趕走，受監工驅逐，並且一再遭到毆打。他沒有做過任何坑害拐騙的事情，他願意接受懲罰，但是絕對不想離開，他想留在那裡，只有留在那裡才有工作、麵包和尊嚴，才能跟其他人成為夥伴。這個強壯的年輕男子任人推搡，任人用麻繩抽打，絲毫不反抗，他慢慢地屈服於暴力，像一頭受傷的野獸大聲哀嚎，他無法克制自己的情緒，黝黑的臉上流下滾滾熱淚。

另一件美好且引人深思的事情就是觀看印度教徒、穆斯林抑或佛教徒做他們的宗教功課。他們所有人，從富裕的、城市中的有產者，至最低微的苦力和賤民，都有宗教信仰。他們的宗教像太陽和空氣一樣強大而且無所不在，它是生命之流和神奇的大氣，它是我們真正羨慕這些貧窮、被征服的民族的唯一之處。我們西歐人的文化崇尚唯理智論和個人主義，我們在這種文化中很少會感受到或許只有在聽巴哈音樂時才會感受的東西，是那種覺得自己屬於某一精神團體並且可以從永不枯竭的魔力源泉汲取力量的忘我情感，即便在天涯海角晚上都會鞠躬、做禮拜的穆斯林和寺廟陰涼的前廊裡佛教徒每天都會有這種情感。如果我們無法以一種更高的形式再次獲得這種情感，那麼我們歐洲人很快就會失去對東方的權力。英國人因為他們的民族情感並且嚴格保護自己的種族而擁有一種可以取代宗教的意識形態，所以他們是唯一身在國外也能獲得一種實在的力量和文化意義的西方人。

我們的郵輪不停地行駛著。前天擋不住的亞洲驕陽還火辣辣地照在我們的甲板上，我們穿著白色的單薄衣服坐在通風之處，喝著冰鎮飲品。現在我們已經臨近歐洲的冬天，它很快會在駛離塞得港以後用涼爽和陣雨迎接我們。此後，東方島嶼炎熱的海濱和新加坡陽光炙人的正午在記憶中會越來越閃亮，可是這一切絕對不如我在印度人、馬來人、中國人和日本人中間感受到的那種全民一家並且相親相近的強烈感受讓我覺得親切珍貴。

23

亞洲的旅行者

從見到第一座印度的港口城市起，只要我在東方身在旅途，每天我都會更加強烈地注意到：旅行的亞洲人真多啊！在西方，不管是歐洲還是美國，人們把旅行和「現代交通」視作西方的特產。在整個歐洲，對於普通人來說乘坐火車出行超過六小時或者八小時，就已經是一次值得一提的旅行了。若是某個店鋪的夥計或者門房曾經去過巴黎，或者去過日內瓦，又或者去過尼斯，甚至只是去過那不勒斯，人家都會說他是一個遊歷過很遠的地方、世事洞明的人。亞洲則不同。在印度、中南半島、馬來群島和中國的一大部分，人們旅行的次數遠比我們這裡多得多，對於下等階層的普通人來說，出行兩天、三天、六天或者十天根本算不上什麼特別的事情。像我們這樣的人，行遊在可倫坡和巴達維亞之間，都會覺得自己已經很能幹了，看到在海上航行三個星期或者坐幾天火車對於亞洲人來說根本不是什麼事，自然很是吃驚。

在新加坡幫人把行李提上岸的苦力來自漢口。在檳榔嶼或者吉隆坡兜售寬鬆短褲或者羊毛腰帶的小販家在北京。在蘇門答臘島賣背帶和靴子的馬來商人是位哈吉[1]，曾經去過麥加朝聖，這一趟朝覲之旅往返平均需要大約二十天，這意味著可以從歐洲到美國往返三趟。

在我們這裡，如果農民親自去離家最近的大一些的城市賣馬鈴薯或者蘋果並且去那裡需要坐三個小時的火車，這對他來說是就是一件大事。而在某個馬來小島上，貧窮、半開化的土著人載了藤條或者他們種植的少量棉花乘船沿著原始森林中的河流順流而下四天、六天或者十天，才能到達最近的港口城市，而且返程的話還需要兩倍長的時間。個別印度商販每隔幾年都會從印度北部不顧旅途的艱辛和危險，長途跋涉穿過西藏前往中國或者直至貝加爾湖，甚至到莫斯科。在占碑（南蘇門答臘）附近的佩萊昂，我們曾經有一個中國廚師，他的家在上海附近並且經常回去看他的家人！海峽殖民地、爪哇等地的華人批發商基本上在中國都有地產，通常也有妻子

⊙1哈吉（Haji），伊斯蘭教稱謂，意為「朝覲者」。專門用以尊稱前往伊斯蘭教聖地麥加朝覲，並按教法規定履行了朝觀功課的男女穆斯林。——譯注

兒女，他們經常往返於兩地之間，跨越的距離相當於從那不勒斯到莫斯科。還有印度和阿拉伯的零售商，可倫坡或者孟買直到北京都有他們的分店。對於他們來說，在海上航行三週只不過是出一趟經常重複的小差。

此外，還有許多朝聖之行！暹羅人和緬甸人去錫蘭參拜聖地，爪哇和蘇門答臘的信徒去麥加朝覲，虔誠者從印度的最南端來到貝拿勒斯[2]。與此相比，博登湖[3]一個貧窮瘦小的農民到盧爾德[4]的朝聖之行實在不值一提。

我見到的這類亞洲行遊者中最後一種是爪哇的兩個穆斯林。他們在新加坡登上我們的郵輪，作為一個穆斯林組織的代表前往蘇伊士，自稱要從那裡前往的黎波里[5]，搜集有關戰爭的可靠消息，向家鄉報導，並認為這是在精神上和資金上支持正在作戰的穆斯林兄弟的最好方式。

⊙2印度聖城瓦拉納西舊稱。——編注

⊙3博登湖（Bodensee），位於瑞士、奧地利及德國交界的湖泊。——編注

⊙4盧爾德（Lourdes），法國最大的天主教朝聖地，位於西南部上庇里牛斯省。——編注

⊙5黎巴嫩古城。——編注

18 三封信

致康拉德・豪斯曼

「約克號」輪船，一九一一年十一月底

親愛的朋友！

現在我再次日復一日、週復一週地航行在藍黑色的大海上，蝸居在一個狹小的船艙，療養我離家在外時受到的身心傷害。因為我回到家以後（耶誕節）不會立即寫信，所以就在船上寫信給你……

我原本計畫去趟印度半島，不過只遊歷它的南部，後來不得不放棄了，一方面是因為在國外這個地方生活和旅行所需的費用遠遠超出了我的經濟條件和預期，另一方面則因為我的腸、胃和腎臟都罷工了。不過，我相當全面地親歷了海峽殖民地和馬來聯邦，還有蘇門答臘島的東南部，最後的十四天，我是在錫蘭的山區度過的，可惜大部分時間不是我生病，就是天下雨。總的來說，印度人給我的印象不是很深刻，他們同馬來人一樣懦弱，沒什麼未來。只有中國人和英國人給我的感覺是絕對強大並且前途無限，而不是荷蘭人之流。

至於熱帶自然風光，我看到的主要是原始森林，其次就是蘇門答臘島的河流、馬來海域的群島和錫蘭肥沃得流油的土地。就城市而言，新加坡和巨港尤為有趣。我接觸到的民族有馬來人、爪哇人、泰米爾人、僧伽羅人、日本人和中國人。對於中國人只能用「很了不起」來形容：一個令人欽佩的民族！其他大部分人都是某個古老的一度生活在伊甸園裡的民族遭受西方腐化和蠶食後餘留下來的可憐的後裔，他們是可愛的、馴良的、靈巧並且有天賦的原始族類，我們的文化卻把他們扼殺了。倘若西方人能夠更好地適應這裡的氣候並且能讓他們的孩子在這裡長大，或許就不會再有印度人了。

我還見到了許多來自世界各地的商人、技術人員等形形色色的人而且跟他們交談過，也見識了許多大宗貿易。大量貴重的、當地產的好東西出口到了國外，從歐洲和美國進口來的卻大多是劣等品。馬來人和印度人會上當買這些東西，中國人則不。普遍不受歡迎，甚至遭人憎惡的是日本人，尤其是在做生意方面。

臨行前不久，我去爬了錫蘭最高的山峰，以此跟印度告別。越過飄動的雲層眺望腳下這片無比壯觀的美麗山色，看著它一直延伸到海邊。

現在還需要耐心等待兩週多，忍受船上的顛簸，不過我已經磨練出來了，因為最近這三個月我絕大部分時間都是在水上和各種船上度過的。回去以後，希望我們可以很快見面。

致《施瓦本之鏡》編輯部

一九一一年十一月

親愛的《施瓦本之鏡》！

貴刊來信詢問我是否已經從亞洲旅行回來，現在心情如何。

是的，我已經回來幾天了，箱子放在那裡還沒有打開，假如我要現在打開收拾，那麼旅途中的所有經歷便會像亂麻一般從記憶中湧出。我現在的情緒有些蕭索，從赤道的暖陽返回到霧靄沉沉的博登湖，並不是件愉快的事情，倘若我的內臟更強健或者飯店的飲食更可口，我還會待上很長時間。印度人和馬來人的世界宛如一場五光十色、輕鬆愉快的民族化妝舞會。中國人的世界卻給我留下極好的印象，那就是他們的種族和文化融為了一體，我們對此不了解，我們中間只有英國人略有所知。

致路德維希·托馬
蓋恩霍芬，一九一二年一月六日

親愛的托馬先生！

……這次旅行對我大有裨益。一些與我的個人生活並不搭調的事物驅動著我前進，我現在把它們看得更清楚了。我有了很多的見識。我喜歡植物，喜歡甲殼蟲、蝴蝶以及這類色彩繽紛的大自然的產物，在原始森林裡，在蘇門答臘島的大河上，在棕櫚種植園中以及在錫蘭的群山裡可以有許多發現。此外，我過得就像掃羅在尋找他父親的驢了[1]。

我去那裡是為了看原始森林、撫摸鱷魚和捕捉蝴蝶，卻順道並且順其自然地發現了一些更加美妙的事物：中南半島上的華人街和中華民族，這是我見到的第一個真正有文化的民族。

隨後我發現自己的家鄉雖然陰冷灰暗，但是也很好，我又燃起了對我三個兒子的愛意，也再次找到了工作的樂趣。

對於英國人，我覺得很奇怪。我原以為他們所有人都有一些敏感易怒，還有一部分人膽小怯懦，可是他們在國外那個出產胡椒的國家所做的事情以及他們當作歐洲文化傳輸到那裡的東西，儘管全都出於單方面的意志，但還是很好的，而且此外也沒有別的什麼人這樣做過。如果我們堅持體育鍛鍊並且開設農村寄宿學校長達二十五年，我們當然也做得到，但是做得還是不夠啊。

⦿1《舊約．撒母爾記上》9:1-27，掃羅是便雅憫人基士的兒子，健壯英俊，且為人謙和。有一次，他家的驢走失了幾頭，父親吩咐他帶著一個僕人去找驢。掃羅翻山越嶺，一心想把驢找到。在尋驢的過程中，上帝派撒母爾把以色列的王位給了掃羅。——原注

亞洲紀行

一九一一年六月十二日，赫塞在溫特圖爾（值萊茵河畔各國藝術愛好者一次聚會之際）獲悉，他的畫家朋友漢斯·施圖爾岑埃格正在計畫一次印度之行，也為了順路拜訪一下他在那裡經商的兄弟羅伯特·施圖爾岑埃格，此人一九〇九年在新加坡接管了父親的公司。赫塞一時衝動，決定加入這次旅行。與最初的方案不同，這次旅行的時間並沒有像原先計畫那麼久。因為氣候的改變、不易於消化的飲食、對細菌的免疫力不足以及超出預算的高額生活成本，不得不放棄在返程時遊覽印度南部這一最初打算，三個月後便已經結束旅行又回到了家中。

日程安排

一九一一年

九月四日 從蓋恩霍芬（德國）乘船沿萊茵河順流而下至沙夫豪森（瑞士），也就是漢斯．施圖爾岑埃格的居住地。

九月五日 旅行：沙夫豪森—蘇黎世（瑞士）—科莫（義大利）。

九月六日 旅行：科莫—熱那亞（義大利）。

九月七日 乘坐北德意志—勞埃德公司的「艾特爾弗里德里希親王號」郵輪啟程。

九月八日 在那不勒斯（義大利）中途停留十二小時，進行檢疫。

九月十二日 到達塞得港（埃及）。因為鼠疫和霍亂，可能是抵達可倫坡之前最後一次上岸。

九月十三日 穿越蘇伊士運河進入紅海。

九月十六日 穿越曼德海峽駛入亞丁灣。

九月十七日 亞丁（葉門）。

九月二十三日 錫蘭（今斯里蘭卡），到達可倫坡，乘坐人力車穿過當地人的住宅區去果菜市場。當晚從錫蘭出發。

九月二十七日 到達檳榔嶼（馬來西亞）的港口喬治市（今檳城州首府），羅伯特．施圖爾岑埃格在那裡迎接他的兄弟漢斯和赫塞，購置在熱帶穿的服裝。乘坐人力車遊覽城市，去了一家中國戲院和一家馬來劇院。

九月二十八日 跟羅伯特．施圖爾岑埃格一起參觀一家海外貿易公司。駕車沿著海岸線兜風。

九月二十九日 攀登檳榔山，下山前往極樂寺。

九月三十日 乘坐五個小時的火車到達怡保，途經多個大橡膠園。散步以及坐人力車遊覽怡保。看電影。

十月一日 捕捉蝴蝶。繼續搭乘火車至吉隆坡。乘坐人力車遊覽城市。

十月二日 在吉隆坡的公園捕捉蝴蝶。乘火車前往黑風洞。繼續乘火車至柔佛。

十月三日　從柔佛坐船至新加坡。乘汽車至海濱。晚上在一家馬來劇院看戲（女「丑角」的演出）。

十月四日　乘坐一艘小型荷蘭蒸汽船啟程去蘇門答臘島（印尼）的占碑。

十月五日　乘船經過風平浪靜的淡洋港。

到達東加爾。駛入占碑的河口（巴當哈里河）。溯流而上，途中陸續停靠在原住民的聚落。

十月六日　到達占碑。拜訪瑞士商人路易斯·哈森弗拉茨並留宿，他是「占碑貿易公司」（一家木材貿易公司）的負責人。

十月七日　啟程去佩萊昂的原始森林探險。乘一艘小型中國明輪船溯河而上。

十月八日　中途停靠桑保崀、杜松阿羅、姆阿拉新崮安和歐拉科等小村莊。

到達佩萊昂。第一次在原始森林中捕捉蝴蝶。

十月九日　徒步熱帶叢林，尋訪林業工人和砍伐硬木樹的工人。

十月十日　在熱帶原始森林中捉蝴蝶。乘船順流而下。

十月十一日　捕捉犀鳥和蝴蝶。返回占碑。

十月十三日　了解占碑荷蘭殖民體系中官員的社交生活和管理工作。

十月十四日　捕捉蝴蝶。乘坐蒸汽船「德科克號」前往巨港（印尼蘇門答臘島東部）。

十月十六日　到達巨港。乘坐汽艇沿城觀光。做客泛瑪公司。基弗。乘坐人力車遊覽城市。

十月十七日　逛巨港的集市。乘船遊覽穆西河。

十月十八日　乘坐小蒸汽船「愛麗絲號」順奥甘河而下，中途在鄰近的幾個村莊短暫停留。馬來女舞蹈家。

十月十九日　返回巨港。去城市郊區散步，行至中國人的陵墓。

十月二十日　捕捉蝴蝶。中國人的送葬隊伍。河上泛舟。

十月二十一日　續前日。

十月二十二日　巨港的魚市。去普拉德因郊遊。在穆西河上捕獵鱷魚。

十月二十三日　捕捉蝴蝶。徒步巨港。乘坐「馬拉斯號」返回新加坡。

十月二十五日　到達新加坡，在城中購物、散步。

十月二十六日　漫遊植物園。做客泛瑪公司。祖爾。

十月二十七日　去丹戎加東（Tanjong Katong，位於海邊的歐洲人居住區）郊遊。在新加坡的市政廳觀看中國雜技演員的演出。

十月二十八日　逛街購物，參觀新加坡博物館。晚上在馬來劇院（明星劇院）。

十月二十九日　乘車去柔佛，逛「賭場」。

十月三十日　在新加坡的植物園捕捉蝴蝶。華人街。觀看木偶戲。

十月三十一日　在華人區閒逛。阿蘭布拉電影院。新加坡的夜生活。

十一月一日　受泛瑪公司邀請。祖爾。

十一月四日　去中國戲院看戲。

十一月五日　漫步新加坡的古玩舊貨街。

十一月六日　乘坐「艾特爾弗里德里希親王號」郵輪從新加坡返回檳榔嶼。

十一月七日　檳榔嶼的告別宴會。晚上乘船繼續駛往可倫坡。

十一月十一日　到達可倫坡。逛錫蘭的妓院和劇院。

十一月十二日　乘火車從可倫坡至康提。

十一月十四日　在康提附近捕捉蝴蝶。

十一月十六日　在康提的植物園。坐人力車去帕拉登亞。

十一月十七日　捕捉蝴蝶。參觀始建於十四世紀的佛牙寺。

十一月十八日　遊覽馬哈韋利河的河谷以及錫蘭最古老的石窟寺。

十一月二十日　乘車前往努瓦勒埃利耶。

十一月二十一日　攀登錫蘭最高的山峰皮杜魯塔拉格勒山。

十一月二十二日　遊覽拉馬伯達山隘。

十一月二十四日　返回可倫坡。

十一月二十五日　參觀可倫坡的博物館。乘坐「約克號」郵輪啟程回家。

十一月三十日　看到索科特拉島（葉門）。

十二月二日　停靠在亞丁。

十二月七日　到達蘇伊士。

十二月八日　駛離塞得港。

十二月十日　到達那不勒斯。

十二月十二日　在熱那亞結束航行。

十二月十三日　取道蘇黎世返回蓋恩霍芬。

九月四日，星期一

傍晚五點乘船前往沙夫豪森，與漢斯．施圖爾岑埃格在「貝萊爾飯店」[1]共進晚餐。

九月五日，星期二

中午十二點前往蘇黎世、戈特哈德（Gottardo）和科莫。宿科莫，陽台上的女子，落座湖畔。

九月六日，星期三

⊙1 貝萊爾飯店，是陪同赫塞一起旅遊的畫家漢斯．施圖爾岑埃格的房子。——原注清晨，徒步遊覽科莫，溫暖，前往熱那亞，炎熱，幾乎所有的河床都乾涸了。第一次乘船有些許失望。跟施圖爾岑埃格的朋友布魯普巴赫爾同宿米拉馬爾飯店，此人晚上一直瞎扯他那滑稽可笑、愚蠢狡黠的哲學（《教唆者》等等），亦車亦徒步遊覽瑞吉峰，光禿禿、淡紫色的山峰在晚上很漂亮。

九月七日，星期四

愜意地閒逛熱那亞的大街小巷，人潮如織，熙熙攘攘，義大利。然後準備登船，費力地第一次自己打點行裝，汗流浹背。中午十二點啟程，船上響起音樂，出發的那一刻既美好又嚴肅，想家和所有的憂慮，不過很快便開始了無憂無慮的甲板生活。甲板上坐在兩名錫蘭軍官旁邊。從厄爾巴島（Isola d'Elba，義大利）旁經過，到處都是大大小小島嶼美麗的垂直剪影，夜晚在銀盤似的滿月映襯下極其柔美，一切都沉浸在美好的氛圍中。一個來自帕多瓦的叫佩爾蒂萊的人跟我們講述他曾經在新加坡待了大約二十年，在那裡發了財，然後又失去了其中一半身家，退休以後他再次去那裡。他有兩個太太，姐妹倆，一個死在帕多瓦，另一個死在新加坡，他在兩個人的墓前都立了一塊相同的大理石「天使」像。他對馬來的大理石給予了讚譽，認為當地雕刻的天使像跟義大利的一樣漂亮，並且同樣經得起時間考驗。晚上睡覺時已很疲倦，卻難以入眠。

九月八日，星期五

疲憊，炎熱。風光旖旎，尤其是伊斯基亞島（Isola d'Ischia，義大利）和一座通過橋梁與之連接在一起的險峻的小島，島上建築風格獨特大膽。隨後出現了一座美麗的山城，位於那不勒斯北部的陸地上。從中午十二點到夜裡十二點在那不勒斯港停歇、裝煤。遊步甲板上人頭攢動，裝料機的噪音不絕於耳，數不清的皮膚黝黑的運煤人、義大利人和中國人，其中還有英俊帥氣、赤身裸體的苦力。晚上收到施皮策夫人的書信問候。一艘移民船起航了，我們互相揮手致意。二等艙，甚至三等艙，遠比一等艙更有人情味，氣氛更愉悅，更有生活氣息，一等艙裡的乘客儘管都很友善，氛圍卻是毫無朝氣，毫無共同感。晚間駛來一艘駁船，船上載著媚俗的民間歌手，給錢就載歌載舞上演色情戲碼。

九月九日，星期六

幾乎徹夜無眠。夜裡三點開船。清晨船上第一次沐浴。跟施圖爾岑埃格一起看英語讀物。中午經過斯通波利島（Isola di Stromboli，義大利），隨後到達卡拉布里亞[2]及墨西拿海峽（Stretto di Messina）。西西里島和雲霧繚繞的埃特納火山，義大利的海岸線鍍上了一層金色的光芒，雄偉、粗獷、莊嚴，被地震摧毀的小城，最南端的峭崖絕壁，這樣一面崖壁的腳下是一座世外桃源般的異域城市，嵌在半圓形的山崖中，就像被吞進一張大口中。賣弄風情的法國女人，和善可親、樸素簡單的

⦿2 請見一二六頁注釋3。——編注

德爾布呂克一家，一群詼諧有趣的舍嫩韋德（Schönenwerd，瑞士北部）人。吃了佛羅若[3]，一夜安眠。

九月十日，星期日

清晨，結識了德爾布呂克一家。用英語在上甲板交流。德爾布呂克家的女兒是一名醫生的新娘，要去馬尼拉，父母陪同她到蘇伊士。跟她同行的是個法國姑娘，同樣也是新娘[4]，要前往馬尼拉，她興致勃勃地賣弄風情，把鋼琴彈得激情澎湃。二等艙住著舍費爾小姐（爪哇）和一些立本責會（基督教新教傳教差會）的傳教士。吃飯時坐在我旁邊的是唐納小姐、總領事及夫人（巴達維亞，以前在辛辛那提就職）。駛過墨西拿以後，不再見到陸地，藍色的海洋，一片片淡淡的白雲，船隻不多，海面平靜。寫了封短信給父親。一位英國上尉，他參加過祖魯戰爭並曾在布爾戰爭中被俘。糟糕的一夜。

⊙3佛羅若（Veronal），安眠藥的一種。——編注

⊙4參閱：短篇小說〈新娘〉（收錄於即將出版的《東方之行》）。——原注

九月十一日，星期一

早晨在甲板上消遣，習習海風拂面，神清氣爽。中午閱讀、去行李艙取行李，夜晚的大海很美，月亮碩大，月相開始由滿變缺。晚上，甲板上舉行了一場小型舞會。清晨給安妮寫信。現在我已經認識了同行的大部分德國人，第一次嘗試著跟英國人接觸，可是聽懂的不多。船上有七位新娘[5]。郵輪上的生活很愜意，讓人心靜，舒適和優雅恰到好處地混合在一起，有些許隨意和懶散。因為鼠疫和霍亂，抵達可倫坡之前不允許我們再上岸。

⊙5參閱：短篇小說〈新娘〉（收錄於即將出版的《東方之行》）。——原注

九月十二日，星期二

一早起床，縫紐扣、鍛鍊身體。美好的清晨。此前一直深藍色的大海，變成了萊茵河河水一樣的淺綠色，隨後又似黏土般混濁，這是正值豐水期的尼羅河漲水所致。

視野中出現杜姆亞特[6]的海岸線，一條地勢很低、一望無際的黃色地帶，上面稀稀落落的幾棵棕櫚樹，孤獨而奇特地挺立在海天之間。許多美麗的帆船。之後到達塞得港，進行了檢疫，措施有點奇怪。港口停滿了小船，上面載著漂亮的阿拉伯人，搬運煤炭的隊伍人數眾多，甚是壯觀。我們在港口從十二點待到將近晚上五點。陽光下，這座城市耀眼又頗顯寂寞，嶄新卻寸草不生，只有寥寥幾棵可憐的小樹。

蘇伊士運河：看不到盡頭，寸草不生，促狹窄長，左岸只有黃沙和淤泥，右岸是鐵路路堤，堤壩上有灌木叢，其後是沼澤地、蘆葦叢、湖泊，還可以看到遙遠的西奈山的第一座山峰，一切都色彩斑斕。紅日西斜，壯觀而瑰麗。同郵輪上的醫生聊天，他是斯圖加特人。傍晚時分有許多蚊子。我跑步時扭到了腳，走路一瘸一拐，痛得厲害。同總領事萊滕鮑爾一家（巴達維亞）和德爾布呂克一家閒談。吃飯時坐在我們對面的是伯默爾先生跟他的太太，他在婆羅洲種植橡膠，太太是挪威人，親切可愛。

郵輪夜行在運河上，充滿了神祕感，途中停船的時間很長，悄無聲息，月明星稀，刺眼的探照燈從各個方向投射而來，寂靜無聲。右側有幾棵棕櫚樹，一條小白狗怯生生地在那裡遊蕩，同樣地悄無聲息。月光映照下，左側的石堆和沙堆寸草未生，

⦿ 6 杜姆亞特（Damietta），地處埃及，位於地中海和尼羅河的交匯點。——編注

荒涼蕭索。正在對我們的郵輪進行霍亂檢查。同那位來自上海的中國人聊天，此人熟諳《易經》。這是我第一次來到另一個大洲，一切顯得那麼陌生。然後我們跟船醫一起喝酒，喝了很長時間。午夜過後，當我們返回甲板時，我看到這個最荒蕪、最迷人的地方在月光下一片銀白，如同被積雪覆蓋，有著一種不可名狀的死寂和不真實。

九月十三日，星期三

美好的清晨，駛過的船隻，近處的非洲丘陵在陽光下熠熠生輝，低窪的土地在波光粼粼的藍色海水間閃爍著最濃烈的色彩，明晃晃的黃色略帶微紅。水裡有許多水母，色彩越發斑斕，這就是蘇伊士城和港口，背後那片焦黃色的群山美麗而寧靜，投灑下紫丁香色彩的影子。同來自舍嫩韋德的那群人、德爾布呂克一家和那個埃及人告別，他們乘坐一條小船離去，必須接受隔離檢疫。兩點鐘啟程。飛躍的魚群，像一把把揮灑出的大硬幣在空中劃過道道弧線。西奈半島呈現出柔美的玫瑰色，幻境一般，水面蕩起微瀾，西奈山麓光禿禿的岩崖直插大海。就餐時，新幾內亞的植物學家跟我們同桌。跟德爾布呂克小姐喝茶。晚間波濤洶湧。去了舍費爾小姐那兒，這才從她口中得知，她開過獨唱音樂會。

九月十四日，星期四

已經在船上待了一個星期。紅海不負盛名，果然是非常炎熱。晨練。上午待在甲板上，跟植物學家夫婦一起。天氣越來越熱，海面越來越平靜。腹瀉，因此晚上痛飲一番紅葡萄酒，穿晚禮服，酷熱難耐，夜間跟德爾布呂克小姐在後甲板待了很久，銀河浩瀚，午夜時分跟施圖爾岑埃格和石油鑽井工[7]喝了些威士忌，此人講述了在羅馬尼亞和印度（猿猴）的經歷。一隻忘乎所以的猿猴被他射殺，像人一樣發出哀號，在從樹上墜落之前，用手緊緊抓住樹枝，等等。——燥熱的夜。

⊙7參閱：〈尼科巴群島〉（一五頁）一篇時提到的地質工作者史蒂文森。——原注

九月十五日，星期五

清晨天氣已然很熱。鍛鍊身體，因宿醉感到有些難受。胃病犯了。找船醫看病。白天變得炎熱，我們不停地行駛、行駛，看不到一片陸地，死人一樣橫七豎八地躺在熱浪之中。今天我看見了三次飛鳥，其中有兩隻燕子。中午之前，我們的郵輪從一大群海豚中間駛過，牠們高高躍出海面。下午施圖爾岑埃格也感到悶熱難耐。我不停地流汗。在甲板上吃晚飯、喝湯。試著隨便找個地方一起讀讀莫里克[8]的作品，卻未能如願。猜謎遊戲。

九月十六日，星期六

酷熱，萬物皆疲。我卻感覺身體比昨天好了許多。少風，大多是郵輪行進時帶起來的，下午悶濕炙熱。爛俗不堪的詩歌印刷品。許多海鷗伴著郵輪飛翔。上午看到

⊙ 8 莫里克（Eduard Mörike, 1804-1875），德國浪漫派詩人。——編注

許多海島：「十二使徒」，隨後又出現許多其他島嶼，其中有一座距離郵輪相當近，島上寸草未生，全是裸露的黃褐色岩石，像凝固了的火山熔岩一樣呈鋸齒狀，炙熱而蒼涼。一座紅色的燈塔，光禿禿地孑然兀立在那裡。這些島嶼大多人跡罕至，險峻陡峭。黃色的夜晚。我遇到了米迪斯帕赫[9]。甲板上橫七豎八地躺著睡覺的人，又累又熱，半裸著的中國人，些許黑色幽默。難耐的悶熱一直持續到晚上大約九點，甲板上黏糊糊的，跟德爾布呂克小姐在郵輪的後部，突然吹來一陣清涼的海風，靠近亞丁了。擲骰子喝波列酒（Bowle）一直玩到午夜。美好的夜晚。

9 米迪斯帕赫，來自羅曼斯霍恩（Romanshorn，瑞士東北部），是吉隆坡郊區一家發電廠的經理。——原注

九月十七日，星期日

幾乎一夜無眠，凌晨三點半起床，亞丁。阿拉伯商販。兒童攝影。擲骰子。國際象棋比賽。從亞丁開始，天氣雖依舊炎熱，總算還有些微風，郵輪有些喧鬧，飛躍的魚群，美麗的波濤。遊戲，晚上跟孩子們一起玩耍。伊蘭薩瓦爾家的四個孩子活

潑可愛，年紀最大的女孩，大約十歲，活脫脫一個小美人，最小的是男孩（奎科），乖巧可人，眼睛流露著善良。格蕾琴十一歲，容易緊張，身體不太好，現在已經很依戀我了。馬里辛·庫爾森大約十一歲半，胖乎乎的，淡黃色頭髮，待人友善，個性懶散，跟他有同情心、慢條斯理的父母秉性相同。下棋輸掉了好幾局。晚上的甲板黏糊糊的。天氣很好，但是缺少色彩。亞丁城和它陡峭的岩石山看上去死氣沉沉，充滿憂傷。晚上跟迪希特施皮爾一起喝波列酒……沒有興致。

九月十八日，星期一

清晨駛離亞丁灣時浪更大了，郵輪顛簸得更加厲害。右側，非洲的邊陲山脈、阿比西尼亞[10]和索馬利亞近在咫尺，懸崖峭壁挺拔險峻。不久，滔滔巨浪滾滾而至，船體劇烈搖晃。只有孩子們幾乎毫無察覺。很快，他們就學會把始終傾斜的平面當成滑坡，像開車一樣疾馳，玩瘋了。按順序進行比賽。孩子們畫粉筆畫，郵輪上歡

⊙10 阿比西尼亞（Abyssinia），衣索比亞前身的帝制國家。——編注

聲笑語，伴著黑色幽默。那個法國姑娘已經因為暈船躺下了。隨後又有很多人暈船，波濤洶湧，吃飯時空著的椅子比有人坐的椅子還多。我一直還算舒服，於是負責逗病人開心，整天都在東奔西跑。施圖爾岑埃格不太舒服。大海異常美麗、波瀾壯闊，強勁的海風送來陣陣涼爽，晚上逐漸暖和了。大家預測，一旦風暴過去，新一波熱浪就會襲來。吃了佛羅若，熟睡一夜。

九月十九日，星期二

少風，天氣更加暖和，海面越發平靜，人們也舒服了許多。探望了一下舍費爾小姐和立本責會的女傳教士。伯默爾太太還在暈船，法國姑娘也是如此。天空灰濛濛的，陰雲密布。下午跟德爾布呂克小姐待在船頭，還有米迪斯帕赫，許多飛魚，銀色的小魚成群結隊，大魚姿態優雅，如箭矢般向著目的地飛翔、奔游，一對對胸鰭如鳥的翅膀，飛翔在水面上空時伸展開來，泛著黑色，潛游在水下時收縮變小，像玻璃一樣近乎藍色。紫羅蘭色的水母。施圖爾岑埃格贏了棋。打舍費爾球。晚上身著禮服，下國際象棋，（跟貝德克爾？）談逸聞趣事。

九月二十日，星期三

海面平靜，大部分病人都康復了。比賽，最引人注目的是孩子們賽跑。德爾布呂克小姐身體不適。船上熱鬧活躍，可惜我胃疼，渾身乏力，心中慍惱。英式賽跑、枕頭大戰、嘴巴運蘋果比賽等等。伯默爾太太跑得很優雅。晚上在二等艙喝葡萄酒。

九月二十一日，星期四

生病。禁食。頭疼，醫生。晚上有化妝舞會。裝飾了大廳和甲板。出色的化妝服飾有：美國印第安人、矮小的西班牙女人、僧伽羅廚師。蒂勒縱情歡鬧，滑稽幽默，唱歌、指揮奏樂等等。

九月二十二日，星期五

清晨，宿醉後有些難受，跟那個女傳教士聊天。炎熱。晚上，法爾克維茨講述他在德州狩獵的經歷。晚些時候，海面閃爍著奇異的光芒，似乎海底深處在燃燒，只需在表面輕輕一擊，就會讓冰冷的綠色火焰袒露出來。入夜，夜色令德爾布呂克小姐異常興奮，她翩翩起舞、風姿綽約。早晨入錫蘭界。又熱又糟糕的夜晚。

九月二十三日，星期六

炎熱。將近十點時可以看到錫蘭了。十一點以後到達可倫坡。港口壯觀開闊，波濤洶湧的巨浪擊打著防波堤。遊覽可倫坡，法爾克維茨充當嚮導。這座新城很漂亮，充滿活力，然而卻被蠻橫地歐化了，寺廟不大，卻散發著魅力，外牆刻有數百個雕像，寺內朦朦朧朧，籠罩在一片神聖的金光之中，風笛奏響似有鼻音的樂曲。瑰麗的花園、樹木、花叢，第一隻大蝴蝶。當地人的市場，芳香四溢的芒果，有一種枇杷味甘汁多，清涼解暑。多彩炫目的東方氣息從四面八方撲面而來，精美且充滿童話色彩，人們都長得很漂亮，皮膚是深棕色，女人們戴著金鼻釘，伸出冰涼的雙手抓住我的手乞討的兒童。高貴顯赫同怪誕醜陋如影隨形，隨處可見。騎馬前往高爾菲斯飯店，飯店坐落在海邊，沒有過多裝飾，極其雅致，跟佩爾蒂萊打英式撞球，然後坐了幾個小時的人力車兜風。瑰麗的花園、民族風情的小店、大片綠地、遊戲場、海水浴場、馬球比賽，色彩豐富、鮮豔奪目的民族服裝，身穿白衣、纏著頭巾的印度士兵，英俊的男人，牙齒因咀嚼荖葉染上紅色。這是對熱帶的第一印象：強烈而美好，小巷喧囂熱鬧，巷子背後美麗的花園中坐落著安靜舒適的平房小別墅。

僧伽羅人無一例外皮膚黝黑，身體輕盈柔軟，有禮貌、愛笑、純真。返回港口時，時間剛剛好，夜幕下在港口乘坐掛著簡易燈籠的小船返回郵輪，勺狀的船槳。高爾菲斯飯店附近商賈雲集，也有賣蝴蝶和甲殼蟲的小販，但是價格太高了，還有街頭藝人耍弄眼鏡蛇、貓鼬，變些小戲法。

晚上八點啟程。天色已黑，我獨自待在甲板上。郵輪駛離港口的那一刻刮起了熱風，風勢很大，捲起美麗的波瀾，寬闊的白色波峰在閃爍著微弱光芒的大海中燃燒。兩名僧伽羅軍官在這兒下了船，又上了幾名乘客。晚上我跟格爾曼和法爾克維茨一起坐了很久。

九月二十四日，星期日

傳教士做禮拜。波浪起伏的海面。傍晚時分打舍費爾球。胃好些了。

九月二十五日，星期一

海面劇烈顛簸起伏，一夜無眠，在床上翻來覆去。清晨，甲板上的椅子再次被繫上繩索加以固定。晚上跳科蒂戎舞。我待在二等艙那裡，跟一名傳教士聊了很久。我同他談得越深，感覺自己跟基督教信仰的本質分歧越大。[11]

九月二十六日，星期二

炎熱。收拾行李。晚上二等艙舉行舞會。同法爾克維茨、施圖爾岑埃格、庫爾森一家、德爾布呂克小姐和其他人喝波列酒。

⊙11參閱：短篇小說〈羅伯特·阿吉翁〉（收錄於即將出版的《東方之行》）。——原注

九月二十七日，星期三

早晨下起了雨，天空陰沉沉的，越來越昏暗，剛剛涼爽下來，很快又變得悶熱潮濕。船上彌漫著離別的歡樂氣氛。午後，美麗的珊瑚島出現在視野之中，島上樹影婆娑、枝繁葉茂，隨後看到了檳榔嶼群山起伏、美麗而寬闊的海岸線，山脈連綿起伏。到達港口的時候大約四點，跟郵輪揮別。施圖爾岑埃格的兄弟、楚迪和祖爾來接我們，細雨濛濛。坐著人力車穿行在檳榔嶼，前往飯店的途中還去了一家馬來人開的裁縫店，量身定做了白色西裝。飯店很寬敞，每個房間都有前廳、臥室、盥洗室和浴室，還有許多極其舒適的躺椅，亞洲人用於享受的設施，陽台前方是棕櫚樹和大海。掛著蚊帳的大床。城市散發著一種諧趣的時尚感，所有的府邸官宅和大型商店都對文藝復興風格有所模仿，中國人的房子簡單、輕盈、美觀。晚餐在飯店裡用餐，休船長和許多船上的乘客也在那裡，米迪斯帕赫隨後來了，在海邊美麗的花園中散步。然後乘坐人力車遊覽城市：到處生機勃勃，中國人、馬來人和土著印度人的街道。店鋪、手工匠人、小商販，主要是中國人，茶館、賭場、各個人種的妓女。中國人的戲院已經歐化了。除了用透視法繪畫的背景、整排的椅子和電燈，音樂和情節全部都是純粹中式的。音樂聲響起，只有那永不停歇的鈸鼓聲讓人煩擾，其他樂器演奏得柔雅細膩，有一些像蟬鳴聲，不斷重複著悠揚的旋律，節奏極其明快準確。演員身著一套有嚴格規矩的老式戲服，女子妝容濃重，每個表情、每走一步都經過精心演練，謹守節拍，一切都充滿了獨特的風格和儀式感，說話帶著鼻音並且伴有一種類似假聲的頭音。戲院坐滿了中國人，辮子挨辮子，提著銅壺的茶倌在女客專屬的頂層樓座前跑來跑去，男人們吃著水果和花生。隨後又去了一家馬來劇院：音樂完全是歐洲的，低俗的歌劇風格，一名演員富有自然主義式的詼諧，粗劣的服裝、風琴，一切都是雜耍式的，妝容誇張刺眼並且毫無意義，還有多處掉妝。許多的舞台布景都是由一個叫謝克枚的中國人繪的，將歐洲文化的那種毫無品味發揮到了極致，滑稽可笑。一九一〇年一月一日的老古董。舞台上演出的是阿里巴巴的故事，講述著山洞中發生的令人毛骨悚然的可怕事件，等等。全然沒有自己的文化，但是模仿得很靈活，演得大多也不錯，唱歌的聲音尖銳歡快。沒有蚊子，睡了個好覺。

九月二十八日，星期四

起床時，前廳悄然擺放好了茶水、麵包和香蕉，隨後我們坐在樓下又吃了雞蛋等等。接著跟施圖爾岑埃格去商行。天氣暖和，但是吹著強勁的海風。走馬觀花地了解一下外國的商行，主要是馬來、中國和印度的商販，中國的抄寫員機敏安靜，他們雙手纖細柔軟，面容友好和善。進口衣料、劣質瓷杯、碟子、鞋子、威士忌、撲克牌等等讓東方變得汙濁不堪。購買了書籍等物品，乘坐人力車回飯店。飯店的陽台前古樹林立，淺棕綠色的大海波瀾起伏，海面搖曳著中國式帆船。餐後甜點是精選的水果——芒果，果皮略帶褐色，果肉是玫瑰色，白色的果核可以食用，散發著芬芳。

晚上四點到七點，乘坐公車踏上一段漫長而美好的旅程，車一直沿著海岸線行駛：簡陋的蘆葦屋和漁村等等，我看見了蝴蝶，許多椰子樹，還有一些扇葉棕櫚樹、開滿紫羅蘭色小花和火紅色大花的灌木叢、許多蕨類植物和繁茂的觀葉植物。平坦的細沙灘，上面散布著渾圓的岩塊。返程時經過植物園，園中有瀑布。後來在城中跟當地一位富有的商人在他的店鋪裡閒聊。晚上在飯店裡跟瑞士人一起聽音樂。

九月二十九日，星期五

清晨六點半起床，天氣涼爽，下起了雨，陰沉沉的一片。跟著施圖爾岑埃格兄弟倆[12]乘坐人力車到檳榔山山麓。剛到目的地，十來個苦力便從身前身後向我們跑來，其中還有幾個英俊少年。我們雇了一個人當挑夫跟我們同行，大約一個半小時後我們爬到了山頂（克雷飯店），上山時很熱，山頂很涼爽。洗澡換了衣服，吃了午餐並且喝了杯美味爽口的雞尾酒，很貴（大約四十法郎）。山頂陰沉沉的，很涼爽，天上的雲變幻莫測，忽而濃霧密布，就像在家鄉的山中，忽而現出一抹藍天，可以眺望疊翠的深谷和淺藍色大海上雲山霧罩的小島，轉瞬間卻又被雲霧遮蔽。在這樣的氣候條件下，這家輕靈的木結構建築的飯店很像阿爾卑斯山和黑森林中的某家位於隘口的小客棧。中午時分下山去亞依淡[13]，霧氣騰騰的肥沃山谷熱得像蒸籠，山路蜿蜒在遍地的蕨類植物中，碧草綠樹叢生，狹窄難行，途中我第一次抓到了熱帶的蝴蝶，先是一隻碩大的黑色的鳥翼鳳蝶（不確定是不是），接著又捕到幾隻其他品種的蝴蝶。山腳下，路的盡頭是一片綠色的椰樹林，林中有村莊，豬在溪水中，茅屋前攤開的布上曬著肉豆蔻。中國寺廟，雄偉但怪異，嶄新卻不莊嚴，只有廟中的

⊙12 一九一一年九月二十七日，赫塞和漢斯・施圖爾岑埃格受到了羅伯特的迎接，此人是漢斯的兄弟，當時正在新加坡從商，之後又陪同兩人旅行。——原注

⊙13 位於現今檳城州首府喬治市市郊的山谷城鎮，馬來文意指黑水。——編注

兩個池塘很漂亮，一個裡面全是神聖的烏龜，另一個養了滿池的魚，像是小鯉魚，成群結隊密密麻麻地聚在一起，有成千上萬條。繼而，在這荒無人煙的綠色熱帶叢林中突然出現了一輛電車，我們乘坐它在三點鐘又回到了城市。簡單吃了點兒小吃，在前廳休息會兒。晚上去了楚迪家。歐洲人居住的街區的別墅到了晚上格外漂亮，這些房子通風好、光線好、有照明，從遠處昏暗的花園看過去像過節一樣，其樂融融。德國人聊起了做生意時發生的事情。不能跟日本商販做生意，因為他們很狡猾，中國人好一些，這裡中國人的認真和勤勞得到了盛讚和賞識。

我聽他們講了許多故事，例如因狡詐而破產等等，也有一些投保的商鋪自己放火的事件，不過只是被作案人澆了汽油，箱子等物件燒了起來並且洩露出誰人所為。施圖爾岑埃格的兄弟講述了他們童年時代的趣事。

九月三十日，星期六

六點鐘起床，洗澡，收拾行裝。啟程去怡保（馬來半島），同行的有法國的傳教士，先乘坐蒸汽船到達陸地，然後坐火車歷經五個小時到達怡保。最初途經的土地相當平坦，有許多橡膠園，開墾過的原始叢林，寧靜的甘榜，甘榜裡有懶散的大水牛，牠們在泥沼中打著滾，有的是灰黑色，有的是少見的玫瑰紅色。然後，火車攀爬穿過美麗的山地，穿越幾條隧道，行程快結束的時候天氣相當熱。濃密的植被，參天巨木，茂盛的攀緣植物開著耀眼的紅色花朵。最後是美麗、令人難以置信的風景：一座座山峰類似於赫高地區的群山，兀自從平地而起，大多覆蓋著茂密的森林，一部分是粗獷的岩石並且遍布洞穴。大理石開採地。到達怡保，天氣炎熱，發生了不愉快的事：施圖爾岑埃格丟了兩個箱子，不愉快的下午。悶熱，雷雨將至，疲憊。施圖爾岑埃格的哥哥有生意要談，稍晚些時候，我們兩個人遊覽了這座並不是很有魅力的小城，城中有新建的、大部分很奢華的華人街，光禿禿的人民公園，棕色的小河。暴風雨下的天空烏雲滾滾，黑壓壓一片，密密的雨簾懸掛在陡峭的山嶺上，跟一個中國人一起買刀子，河中有人游泳。晚上又坐人力車逛了一個小時，燈光下的城市更加生機勃勃，沒有太多的清冷感，四周的黑色山嶺格外雄壯。徒然地走到火車站。晚餐時分又多少有了些幽默事件。此後去了電影院：寬闊的空間擠得滿滿的，不耐煩的觀眾吹起口哨，喧鬧著，後來笑聲、掌聲接連不斷。拙劣的歐洲電影，觀眾們看得半懂不懂，儘管如此仍然心滿意足，整場都由一個小型樂隊伴奏（馬來人演奏的歐洲的音樂片段），這支樂隊的演奏雖然有很多地方偏離了主題並且在驚駭的瞬間出現了停頓，但是比家鄉任何一支喝得醉醺醺的、無助的小型鄉村樂隊都要更悲涼、更感人。夜晚飯店裡遇到一個爛醉的英國人。吃了佛羅若入睡。

十月一日，星期日

炎熱的早晨。箱子還沒有找到。跟施圖爾岑埃格發生口角，人們是絕對學不會忍耐的！在悶熱的茂密的灌木叢中捉了一陣子蝴蝶。萬事萬物都忙個不停，沒有星期日。中午一點啟程去吉隆坡。許多橡膠種植園，每棵樹旁都立著一根小木樁，上面套了一個小碗。火車在原始森林中穿行了幾個小時，開墾過的荒地上有燃著的火堆，紅色的落日。迅速行駛時，一塊板子從車內壁掉了下來，正好砸到我的腿上，差點受傷。此外，火車美觀舒適，每節車廂都有頭等座，是四張寬大的皮座椅，兩張湊在一起就能組成一張床。吉隆坡新建的華麗的火車站，雪白的顏色，一座仿清真寺建築，對這座城市的第一印象是摩登、繁榮、精緻。豪華的帝國飯店，價格不菲，外表看上去宏偉壯觀，飲食和服務很糟糕，房間裡的夜壺都沒有倒空，等等。施圖爾岑埃格又拿到了他的箱子，這使得他情緒大為高漲。晚上乘坐人力車遊覽這座熱鬧的城市，因為是星期天，所以沒有戲看（爪哇皮影戲），除此以外什麼都有。有時候會聽到中國的音樂，間或有歌聲，始終重複有著細微變化的同一個旋律，節奏極其複雜穩定。在一個中國人家裡參加了小型私人聚會：狹小的前廳蹲著五名樂師，室內一直是燈火通明。每一幢中國人的房子裡，包括在妓院裡，正對大門的地方都有一座神龕，火燭閃爍、金光燦燦。麵包師和鞋匠在門洞大開的鋪子裡忙碌著，大多赤裸著上身。看到的中國人幾乎毫無例外服裝顏色單一、格調高雅，苦力身著短褲和敞著前襟的無袖短上衣，通常是用藍色麻布縫製，其他中國人大多穿著肥大、有光澤的黑褲子，怎麼看都好看。我把中國人分成兩類：一類微胖，臉龐像滑稽演員，透露著機敏和愜意；另一類瘦削。他們全都很聰明，通常會讓人心生好感，人力車夫單純親切，愛笑，很有眼色。我們看見一座濕婆廟，裡面即將進行祭拜儀式，正在為列隊做準備工作。廟中有雕刻得很現代並且進行了裝飾的動物形象等等，其中有一個真正的旋轉木馬。之後在雪蘭莪俱樂部打撞球。夜裡沒有蚊子，但是很吵。

十月二日，星期一

公園，很漂亮。裡面花壇眾多，到處都是蝴蝶。我捉了幾隻，然而乘坐人力車的時候我的玻璃瓶[14]碎掉了。雲層密布的天空，很悶熱。跟米迪斯帕赫吃飯，然後一起坐火車去黑風洞，陡峭的登山石階，兩個巨大壯觀的山洞，特別是較大的第一個洞，讓人嘆為觀止，大概有三十五公尺高，天然的鐘乳石從洞頂垂下，像怪異的雕塑。藍色的紫閃蛺蝶。米迪斯帕赫講述了狗和狩獵的故事，最近有一位英國的高級官員養的十二條歐洲獵犬在一次狩獵中被撕碎，每一條狗的價值都將近二百美元。

⊙14玻璃瓶的用途是在將蝴蝶製成標本之前，將牠們放在裡面用氯仿麻醉。——原注

魔笛洞，四壁像家鄉一樣被幼稚的遊客刻上姓名，其中有漂亮的充滿藝術感的中國字。歸程又熱又漫長，艱難地徒步走了幾哩，剩下的路程坐人力車，穿過了美麗的橡膠園和泰米爾人的村莊。愚蠢的審判場景：在街上，一座種植園的管理員因一名泰米爾男孩（吉寧男孩）犯了一點兒小過錯，便判處將他痛揍一頓，隨即這個男孩就遭到夥伴們的毆打。泰米爾人的皮膚是深古銅色，頭髮是黑色，有光澤，經常留著飄逸的長髮，女人則會把她們所有的黃金家當打造成首飾佩戴在身上、耳朵上、鼻子上……眼睛明亮有神的漂亮小孩子。輕鬆愉快的晚上，八點半坐火車出發。漂亮的餐車，兩張座椅拼成的床很舒服，可是睡不著，鼾聲震耳的荷蘭人，蚊子。

十月三日，星期二

火車上，清晨約六點鐘起床，約七點到達柔佛（馬來半島最南端），風景秀麗，倚在海邊，乘坐渡船迅速駛過狹長的海灣，炎熱的早晨，八點以後才會到達新加坡，途中的小島上只有低矮的山丘，許多熱帶叢林和沼澤地。八點以後抵達新加坡，炎熱，疲憊。整個下午都在收拾行李，晚上五點還乘坐汽車穿過紅色的街道和椰林來到海邊，一路景色宜人，水畔的小屋，中國人的小村莊，到處都是椰子樹。途中許多中國人坐在人力車上，平時非常節儉的中國人除了賭博以外也熱衷於在晚上搭乘人力車兜風。我們在馬來劇院度過了這個晚上：與檳榔嶼的劇院相似，不過戲要好得多。一齣現代的婚姻感傷劇，幕間表演了許多庸俗的歌唱曲目。馬來姑娘年輕漂亮，走路時姿態優雅。音樂是糟糕的西洋樂：一架鋼琴、一把低音提琴、一把圓號、一支單簧管、三把小提琴。一個奇怪的角色讓整場滑稽的演出別有意義。這是一個女丑的角色，身著粗製濫造的黑色戲服，臉抹得煞白，右頰上點了一顆黑痣，嘴唇塗得猩紅。這個角色充滿通俗易懂的喜劇性，扮演者舉止怪異滑稽，大多是即興發揮，獨具風格。她時而就是一個小丑，時而突然模仿起劇中多愁善感的言辭，顯然是突發奇想的表演。扮演丑角的那個年輕女子非常瘦削，有著讓人難以接近的鮮明個性，極富表現力，目光冷靜從容，流露出超人的智慧。她經常長時間坐著，完全置身於演出之外，獨自坐在不遠處舞台前方的地板上，冷冷地、極其理智地環視戲院四周，然後以一種滑稽搞怪的方式介入劇情之中，拋出幾句驚人之語，或者做出令人驚異的表情，抑或怪模怪樣地為樂隊演出報幕。有一次她把號手逗笑了，顯然是真的笑了，笑得渾身顫抖，不得不停止演奏。隨後，在新加坡俱樂部喝威士忌一直喝到午夜，坐在美麗的大廳中看得到大海。火車站裡的地名和文字說明分別用四種語言書寫：英語、馬來語、泰米爾語（吉寧語）和中文。中國人的房屋大多刷成濃烈的靛藍色。

十月四日，星期三

上午去了趟銀行……中午匆匆忙忙帶著我們的十五件行李出發去蘇門答臘島。另一艘船追趕我們的小艇，那艘船被撞出個大洞。舒適的荷蘭小輪船「布勞威爾號」，類似於博登湖上的船隻，頭等艙僅有我們三名乘客。打牌的中國人，馬來的服務生，一個裹著小腳的中國女子，她的腳那麼小，還不及她大約兩歲半的兒子的腳大。美妙的旅程，行駛在淺綠色的大海上，從數百座大小島嶼間穿過，許多島上有著紅色的岩石，所有島嶼都叢林密布。晚上日落時分，一名三等艙的穆斯林，灰白鬍鬚，裹著紅色頭巾，長時間莊重地做著禱告，進行叩拜。船上有隻溫順的小貓，帶著白色斑紋的小黑貓。赤道。施圖爾岑埃格兄弟倆學習馬來語和荷蘭語。晚上船長和大副做了自我介紹，他們都是荷蘭人，親切友好，跟我們在甲板上融洽地共進晚餐。美好的夜晚，有時候星光燦爛，很是寧靜。儘管微風和遠處的暴風雨帶來宜人的涼爽，還是一直微微出汗，整夜都是如此。

十月五日，星期四

清晨起床時，剛過六點。我們正好駛入棕色的入海口，輪船行駛緩慢謹慎（只有借著漲潮才可以行進），七點以後到達了東加爾。小鰻魚和其他魚類在混濁的棕色河水中游來游去。參觀駕駛橋樓。停靠在東加爾，許多三等艙的乘客在這裡下船。我們在早晨洗漱時注意到一家馬來人，有四個孩子，髮型很漂亮，小孩們戴著珍珠項鏈和銀腳鐲等飾物。這些土著人對他們的孩子都很和藹。許多小船駛來，大多是尖頭尖尾、窄窄的獨木舟，兩個人赤手持短槳划船。當地唯一的歐洲人也來了，他是一個年輕的荷蘭官員。跟船長們一起吃早餐。東加爾是河畔的小村莊，在船上只能看見大約二十五棟小屋，全是木樁建築。所有的房屋都由一條又高又窄的木板走道連接在一起，下方是淤泥，後方是椰子樹，河岸上的其餘部分都種植著樹木，茂密成林。十點鐘啟程，大海平滑如鏡，上面鋪撒了一層淺綠色的植物種子。慵懶的上午，恣意地躺著。多雲的天空。大約十二點，我們駛入河口，在漲潮的時候行駛在寬闊的水面上，穿過被河水淹沒的樹林，林中有零星的漁舍。兩點鐘，我們停靠在一個人口眾多的大甘榜，停靠了一個半小時，村莊坐落在河的兩岸，各種各樣的小船圍在四周，往返運送貨物和許多乘客。土著人划船的技術高超，許多人只用一片截斷的棕櫚葉當作船槳。划船的中國人無須其他支撐物便可穩穩當當地蹲坐在腳掌上，坐在搖搖晃晃的高高翹起的船尾，他們徒手划船，划得靈活有力，就像是借助了槓桿的力量。裹著小腳的中國女子身著寶藍色衣服，帶著身穿同樣顏色服裝的孩子在這裡下船，她只能拄著小棍勉強行走。甘榜附近都有一小片椰子種植帶，此外就是連綿不斷的原始森林，不僅巨樹參天，還有雜亂無章、密密麻麻的蕨類植物和野草。不時地見到土著人划著小船而行，間或也見到乘帆船的。這條河叫作巴當哈里河，途中兩次見到大的支流分流而出，較小的支流就很尋常了，河水平靜。晚上見到一隻碩大的蝴蝶，我捉到了一隻小一些的。船停在暮色之中，突然上來一名新乘客，我要跟他共處一間船艙。他叫希澤，來自烏姆（Ulm，德國多瑙河畔的城市），還遺留有少許施瓦本（Schwaben，德國巴伐利亞邦的行政區）口音，在外已經十六年了，說一口流利的荷蘭語，但是他喜歡說而且說得更好的是馬來語和爪哇語。他盛讚他所在地區的風土人情，鄙視歐洲人，宣稱幾乎所有的歐洲人都奸詐狡猾，他獨自生活在土著人、老虎、蛇、鱷魚之中，他講述了牠們的故事。此外還提到，在這裡舉行婚禮時，新娘要被隆重地放到一個大秤上稱重。船長承認，很久以來船艙裡都沒有這麼多乘客了（我們是四個人一個船艙）。夜間在半月照耀下穿越原始森林，跟這個烏姆人聊天，他是一個粗獷英俊、討人喜歡的高大男子，手卻小得奇怪，手指纖細但很短。一夜無眠。

十月六日，星期五

夜裡一點，因為水位的原因不能繼續前行，我們一直停在占碑的下游。七點鐘，哈森弗拉茨[15]來接我們，乘坐小船行駛一個小時前往占碑，我們去那裡做客。疲憊不堪。駛入占碑，途經漁民和手工匠人的小屋，它們就蓋在用樹幹或竹子搭成的筏上面，漂浮在水面，到處都是貓，鐘形的鳥籠通常是用韌皮纖維或者藤條編成，裡面大多關著野鴿。每一棟這樣的水上小屋前的筏子上都有一個可愛的迷你花園和種在鐵皮罐裡的幾株觀葉植物和盆花。有些小屋裡面也擺設有非常時髦的家具：我在一個小屋裡看到一個文藝復興時期的餐具櫃和一個有鐘擺的掛鐘。哈森弗拉茨的平房小別墅位於沒有樹木的公園的角落，他的太太和女兒（尤蘭達）友好親切。一個水盆裡養了六條可愛的非常小的短吻鱷幼崽，大約一手半到兩手長；滑稽可笑的無尾猴。豐盛的早餐，室外開始炎熱，拜會了監察官和總督。占碑有大約一萬兩千名居民，美麗寬闊的河流，四周是熱帶森林，低矮的山丘，全都是一片綠色，天氣相當炎熱，不過氣候很好。像其他地方一樣，這裡的商人除了哈森弗拉茨，大部分都是中國人，大多數的船員同樣也是中國人，其中不乏身強力壯之人。尤蘭達自娛自

⦿15 路易斯．哈森弗拉茨，可能是施圖爾岑埃格兄弟倆的一個朋友。商人和保險代理商，參與了佩萊昂附近占碑貿易公司的硬木開採項目。——原注

樂地唱了好多德語歌，唱得半對半錯，詼諧逗笑，真是個有趣的孩子。想睡卻睡不著。房前是一大片美麗的竹林。晚上五點時下起了細雨，清涼愜意。散步，逛了歐洲商店和一家中國人開的店鋪。我們在中國人的店鋪中看到一個結構簡單精巧的木頭計算器[16]，驚嘆地看著店主異常輕快地撥來撥去，還在乾淨整潔的帳簿中欣賞到如裝飾花紋一般漂亮的中國字。這家店鋪經營所有的商品，精美的和粗劣的歐洲貨都有，店中雇有十五名員工。行走在高高的河岸邊，河流在水位高的時候會將堤岸瞬間漲滿，與現在相比，水位整整要升高五到六公尺。像現在這樣低的水位，輪船不能完全行駛到占碑，這種情況每年只有大約三個月。最後，我在雨下得比較大的時候還去了趟監察官的單身漢之家，稍事逗留，回家洗澡，其他人去了俱樂部，我太累了。這裡跟抵達檳榔嶼以來到過的所有地方一樣，房屋的四壁都可見到漂亮的粉灰色小蜥蜴在勤勞地捕捉蒼蠅和蛾子，其間發出愉快的咂舌聲，在跟較大的昆蟲激戰的時候偶爾會從牆上掉下來。殷勤好客，可愛的人們，荷蘭的官員也很親切。監察官和少尉晚上過來了，九點以後可口的晚餐，輕鬆愉快。服用了佛羅若，一覺睡到六點。

⊙16即算盤。——原注

十月七日，星期六

六點起床，洗澡時，屋子開放式的山牆中出現一隻猿猴，長長的手臂，黑色的小臉圍了一圈白鬍子，試圖偷某個人的衣服。下了半夜雨，天還是灰濛濛的。窗前有棵樹，開著幾朵羽毛狀的白花，香氣撲鼻，帶著濃濃的甜味，馬來女子喜歡把這種花別在頭髮上或者放在洗乾淨的衣物中間。這裡的土著對所有的白人都畢恭畢敬。吃飯前同施圖爾岑埃格一起散步，沼澤地裡飛著蜻蜓，橋附近有座漂亮的小寺廟。中午十二點半，我們啟程去考察旅行[17]：哈森弗拉茨、施圖爾岑埃格兄弟倆和我。我們帶了墊子和床上用品、獵槍、麵包、餐盒，每人還帶了一個箱子。我們乘坐的是一艘很小的中國明輪船，幾個人占據了狹小的船尾空間，這艘船每週大約會逆流而上航行三天。河岸兩側都是灌木叢和森林，偶爾出現甘榜，遠遠地看到椰林就知道那裡是甘榜了。赤身和半裸的孩子，有些在游泳，水中有一大群水牛。順流而下的小船載著藤條。獨立的大樹，漂亮而蒼健：有膠漆樹，跟橡樹差不多高；有爪哇木棉（木棉纖維可用做救生圈的填充物等），樹幹粗壯，呈白色，所有的樹枝都筆直，向水平方向伸展，生長獨具規律，樹葉稀疏，看上去像日本木棉。同船的土著都帶

⊙17 乘坐河運蒸汽船從占碑前往佩萊昂（原始森林中的小型民居聚落）。——原注

了墊子之類的物品，鋪在甲板上，躺著睡覺。其中一個人做了很長時間伊斯蘭教的禱告，變換了十六種不同的身體姿勢，然後躺下，低聲吟誦一本用阿拉伯語印刷的小冊子，旋律憂傷單調。停靠點，在那裡裝運了一些磚瓦。我們的小船有兩個前甲板，上層是乘客，下層放著許多種在小箱子裡的巴西堅果樹的幼苗。菩提樹，很高，寬闊的圓形樹冠，跟椴樹很像。美妙的夜晚，幾乎是滿月，遠方有閃電但聽不到雷聲。我睡在甲板上，旁邊是中國人，其他三人睡在尾部的隔板隔出的船艙裡。

十月八日，星期日

清晨六點起床，盥洗室，用蘇打水刷牙，喝咖啡。停靠在一個四個村莊結合的大甘榜。桑保良、杜松阿羅、姆阿拉新崮安。我們下了船，踩著浮木和搖搖晃晃狹長的木板走了很久才到岸邊。歐拉科村；我們的目的地是佩萊昂。我們快步參觀了子公司，一個頭戴灰色英式便帽、安靜的中國人自始至終緊緊陪同在我們身邊，他作為中國競爭公司的間諜加入了我們的整個旅行，偶爾會禮貌地為我們效勞，片刻不離開我們左右。我看見椰子樹、零星的咖啡樹、芒果、木棉樹的果實和棉花，還有會摘椰子的馴服的猿猴，我們看見一隻：牠的身上緊綁一根繩索，迅速攀著樹幹爬上去，在綠色的果實旁立刻停下來，下面的人則一邊呼喊指揮，一邊拖拽繩子，引導牠靠近一個成熟的果實，牠抓住椰子不停地圍著果柄旋轉，把椰子擰掉，扔下來。只有一種猿猴可以做這種事，長得有些像長尾猴，毛色灰中帶點綠，尾巴又短又小。我們還進了一戶人家，有人帶我們參觀，這是一個比較富裕的人家的小屋，建在木樁上，一架木頭梯子通往樓上，只有兩個房間：開放式的前廳和很大的空蕩蕩的起居室。屋裡地面全部鋪著精細、美觀、乾淨的竹席，中間有一張巨大的雙人床，床上放著用錦緞裝飾的繡花枕頭，那是結婚時的精美喜枕，牆邊還放著一束束從婚禮保留至今的鍍金假花。原始的舂米臼。我在這裡花了十生丁買了一個加工成水壺的椰果，在河岸下面有一個捉鳥用的籠子。籠子裡塞滿了野鴿或鵪鶉。河流上游風光迷人，河道始終蜿蜒曲折，河岸比之前更高了，兩岸樹木遒勁挺拔。甲板上有一個年輕的裁縫，他取出勝家牌縫紉機，忙碌著。將近十一點，到達佩萊昂。精緻的小屋建在木樁之上，四壁用劈開的竹子和棕櫚葉做成，硬木桌子出奇地沉。這棟小平房緊挨著原始森林，四周環境優美，樹蔭遮蔽了河流，屋子的後面就是巨大的菩提樹。吃飯前我還去捉了趟蝴蝶：綠色的大蝴蝶，可惜沒捉到。佩萊昂是一個很小的甘榜，共有一百人，全是占碑貿易公司的苦力，那裡還有一家中國人開的小商店。吃飯時一個中國苦力幫忙斟酒上菜，他把長辮子精心盤了起來，因為在我們面前垂著長辮子是無禮的行為。在原始森林裡，四下無休止地響著各種大昆蟲多聲部的嗡鳴，還有很多鳥。一隻白色肚皮、紅色前腿的黑色小松鼠，其他成群結隊的是個頭更小一些的棕色松鼠。第一次獨自在原始森林裡待了幾個小時，我看到好多大蝴蝶，但可望而不可即，傍晚時分看見一大群猿猴，嘶吼著、跳躍著，在我頭頂上方高高的樹枝間遷移。東道主哈森弗拉茨非常親切周到，帶我們去吃了好吃的東西，還喝了啤酒、葡萄酒、蘇打水和烈酒。廚師是一個中國人，來自香港邊上的一座小島，跟家人一起在這裡生活多年了，他的妻子最近剛剛離世，他在佩萊昂貸款給人並以此收取利息。月夜。昆蟲在深夜歌唱。睡眠時間很短，但睡得很香。

十月九日，星期一

五點半起床，河流一夜間漲高了將近一公尺，河水呈黃色，滿是浮沫和木頭。七點以後啟程，往返四個小時，沿著道路穿越森林，巨大的硬木樹高達三十五公尺，必須依靠巨大的絞盤用鋼索才能將硬木巨大的木料從溝壑裡拖上來。接著，我獨自一人在清晨發現的蝴蝶聚集處待了一個小時，精疲力竭，十二點半返回。洗澡，吃飯並喝了很多葡萄酒，隨後其他人都睡了。與此同時，我跟哈森弗拉茨又去了趟熱帶叢林，往返兩個小時，這次沒有循路而行，兩人你攙我扶，走得極其辛苦。我開槍打一隻大犀鳥，可惜沒打中。即將返程的時候突然下了一場暴雨，不到兩分鐘我們全身都被雨水澆透了。非常疲憊、頭疼。暴雨下了幾個小時。吃了佛羅若入睡。

十月十日，星期二

六點以後起床，霧濛濛的早晨，夾雜著寒意。滿載硬木的普勞船出發了。所有的東西都淋濕了，火柴點不著，我穿著濕衣服，打著寒噤，外出散步。之後太陽出來了，八點到十二點間興致勃勃地捕蝴蝶，卻失望居多。我捕捉蝴蝶的主要場所是一條長約一千公尺的河谷，從住處出發需半個小時，以前土著在這裡種植水稻，建了甘榜，現在除了兩棟小屋，要麼空無一人，要麼已經坍塌，農田已經成了野生的灌木叢，只有一部分可以進入。一個馬來男子帶著兒子陪我前去，他的行為經常讓我感動，卻干擾了我。他不相信，也不理解，為什麼我聽不懂他說的話。他指給我看從身旁飛過的蝴蝶，讓我捉住牠，然後興致勃勃地看著我跳來跳去，當我沒捉到的時候，他便齜牙咧嘴地笑，噢噢噢地高呼。中午時分，越來越多綠色大蝴蝶嬉戲在甘榜裡鴨子們游來游去的沼澤地旁，一隻隻就像燕子的尾巴。「占碑貿易公司」的最高管理者就是哈森弗拉茨，他最近在剛剛平定下來的占碑地區開始了初步的、有計畫的墾伐活動：首先砍伐硬木，加工成二十公尺長、四十公分的方木，用船運走，每一根方木價值幾百荷蘭盾，大部分都運送到了造船廠。一個下午過去了，四點前又下起了暴雨。快五點的時候我們乘坐一艘狹長的普勞船逆流而上，施圖爾岑埃格沒有去，他留下來畫畫，船行駛了一個小時，晚上的河流異常美麗，河岸兩側都是樹，所有的大樹上都爬滿了猿猴，童話一般。我們帶著獵槍，我射中了一隻大野鴿，哈森弗拉茨也打下來一隻。暮色中返程，六點過後夜幕很快就降臨了。他說這些鴿子將成為早餐。

十月十一日，星期三

像昨天一樣霧濛濛的清晨。乘船捕獵三個小時毫無成果，然後熱火朝天地捉起了蝴蝶。等候輪船。飯後小汽輪才來，大約兩點半，打算立刻啟程前行。我們要求汽輪停靠到五點。我收拾完行李，又從容不迫地去捉了一個半小時的蝴蝶。暴風雨。快五點的時候啟程。佩萊昂是這次旅行中第一個讓我喜歡、讓我願意逗留很久的地方。船上有一家馬來人：兩個婦人和三個孩子，其中有一個姑娘很漂亮，黑皮膚、鬈髮，戴著銀手鐲，所有的孩子都穿著連褲衣；他們隨身帶著所有的舒適用品，在一塊墊子上吃晚飯，然後洗洗手，婦人們點燃了香菸。雨，繼而是雷雨，天很早就黑了。好心的中國胖廚師高默克廚藝高超，一直忠心耿耿、面帶微笑地照顧我們。我們的餐桌上擺著十九瓶完全不同的飲品。

在南蘇門答臘，小的商鋪稱之為「瓦隆」，大型的稱作「土庫」。晚上點燃燈籠以後，數百萬隻蜉蝣恣意攢動。痛飲一晚。夜裡工人們在裝載劈柴的時候拖著長腔喊起了號：三十，三十二……夢幻一般的夜間景象。我睡在主甲板上，又一次睡在土著中間，臭氣熏天。手持火把的人站在又高又長的階梯上。漆黑一片，捉摸不透船長如何能開船。不平靜的夜晚，半明半暗的前甲板上擠滿了竊竊私語的人，我幾乎一夜無眠，看見中國人赤著腳從我頭邊走過，入睡者的影子在光照下晃動，偶爾有一個人點燃一支香菸。月光。不到三點就提前到達了占碑，精疲力竭。一個卷頭髮、穿著襯衫的馬來小孩走了過來，盯著我看了很久，苦力們開始打包卸貨，施圖爾岑埃格兄弟倆在這種情況下也能夠繼續入睡。燈籠，外面是綠色的月光，占碑顯得寂靜而憂傷。

十月十二日，星期四

很早就在船上醒轉，陽光明媚的清晨。疲憊地返回哈森弗拉茨的家，咖啡，尤蘭達。糟糕的一天。決定折返。晚上去了俱樂部。夜間鮮少有人會在巷子裡辭行：夾在小屋中間的夜空下站著一小撮歐洲人。

十月十三日，星期五

吃了佛羅若睡得很沈，沒有恢復精神。

十月十四日，星期六

快中午的時候跟施圖爾岑埃格來到河的對岸。天氣炎熱，沒有捕到蝴蝶。晚上五點半啟程，整個占碑在岸邊隆重地注視著，所有的官員一干人等都來了，一邊聊著天一邊為輪船送行，還有女人和孩子。船上有士兵，開船時唱起了歌。服務糟糕透頂。跟我們一起上船的有施利默爾夫婦、工程師貝克曼，輪船滿員了。和我共享一個船艙的哈森弗拉茨，他去甲板上睡覺了，於是船艙中只有我一人，這一夜過得還可以，睡了幾個小時。這艘船名為「德科克號」。

十月十五日，星期日

清晨我們在入海口上方的停靠站待了幾個小時，等候漲潮。灰濛濛、陰雲密布的早晨，之後銀色的雨水靜靜地灑落下來，岸邊濕漉漉的森林顯出柔美的灰綠色，天氣從中午開始才悶熱起來。海面平滑如鏡，遠處是蘇門答臘島一望無際的低窪的森林海岸線。我讀著麥考雷[18]的書，急於想知道在巨港是否找得到郵局。

十月十六日，星期一

睡了不久便醒來，此刻是清晨五點半，天空霧氣騰騰，灰濛濛一片。鱷魚島，到達巨港，飯店（巨港當地稱之為 rumah makan，意思是餐館）。沒有郵局！長時間穿行在這座令人難以置信的、如畫一般的木樁建築之城和水城。徒步逛琳瑯滿目、散發著惡臭的市集。城市坐落在這條航運發達的大河及其無數條小支流的兩側，完全建在沼澤之上，退潮時到處都沾滿汙穢，成了散發惡臭的汙物，此外所有的廁所等地也都將下水管通到這裡。郊外古老的蘇丹墓建在綠色的原始叢林中，墓門和圍牆是精美的磚建築，已經破敗不堪。

天氣相當炎熱。高默克在飯店的後面為我們做飯。支流裡熙熙攘攘地來往著貢多

⊙18 托馬斯・巴賓頓・麥考雷（Thomas Babington Macaulay, 1800-1859），英國政治家以及歷史學家，一八三四年至一八三八年擔任印度總督。——原注

拉一樣的小船。沼澤裡到處都是一團團、一片片浮在水面上的豐茂的野草，鴨子圍著肆意覓食。米婭的來信。胃疼，眼睛發炎。晚上乘汽艇沿河上上下下轉了一個半小時，轉遍了四面八方伸展開來的整個城市，水上到處都是船來船往，交通極其繁忙，還有許多排筏，排筏上避雨的竹棚下面堆放著從高地收穫而來的棉花，人們把棉花運出去，再把做排筏的上好的竹子賣掉，然後一身輕鬆地返回家中。岸邊的「神樹」，一棵高大雄偉的菩提古樹，旁邊是如在畫中的小屋。景色一個連著一個，看得人目不暇接：對岸排筏上是中國人開的流動店鋪，中國人一個個都穿著乾乾淨淨、五顏六色的衣服，有些人幾乎稱得上時尚。遠處是較為貧寒人家的住房：一條舊船被安置在一個筏子上，船上鋪滿樹葉。赤身裸體的孩子隨處可見，普勞船划得很優雅。幾乎所有的磚房頂都有按照暹羅樣式用灰泥做成的水牛角狀的裝飾物，三個或四個一組有序排列。

暮色已深時泊岸，短暫拜訪了基弗先生，與一個又胖又滑稽的混血女人一起。我感到不太舒服，雖然一個接一個撲面而來的風景讓我經常忘記這種感覺，但一直追隨我直至飯店房間的強烈的臭味讓我覺得極其難以忍受。因為鱷魚的緣故，很少有人會在大河裡洗澡，一般情況下，不管是年輕的還是年老的，都在小的河道裡就著棕色的汙水洗澡、潛水、游泳。

晚上吃完飯，其他人已經又收到了郵件，我們本想去一家戲院看戲，但是沒有戲上演，於是我們雇了人力車四處逛。途中在一家日本賭場逗留了許久，這種賭博非常像商鋪裡的博奕：用一個彈簧做的工具將一個小球射入寫著數字的木板，根據數字贏得一個小東西，都是百貨店裡最劣質的商品。下起了雨。

十月十七日，星期二

吃了佛羅若入睡。涼爽潮濕的早晨。昨晚船坐得太久，我依然感到不適，帶著這種感覺我又陷入了回憶：我們兩個人坐一輛人力車，車夫汗流浹背，低聲呻吟著，他一定累壞了。今天早餐時，哈森弗拉茨問中國僕役要一把乾淨的刀子。僕役回答說，沒有刀了，不過他可以用放在奶酪旁的那把刀。因為擅自這樣解決問題，這個僕役被狠狠地責罵了一頓，這件事又引出了如下評論：被英國人寵壞了的新加坡等地的土著都太放肆了，而荷蘭治下的人卻恪守規矩。和善、正派的白人理所當然地把土著視為臣服者以及更加低等之人，這種理所當然一再讓我感到震驚和受傷。這裡的「工業貿易公司」也經營一家小型的文具紙品店和書店，在那裡買得到最驚險的荷蘭偵探小說（譯本）和卡爾·麥[19]的作品等等，不過卻沒有穆爾塔圖里的書。在歐洲人開的兩家商店裡陳列的禮品（玻璃製品、錫器、銀器、鐘錶、雕刻作品）比家鄉小城裡的更沒品味、更陳舊。可惜購買、使用和佩戴衣料、器具、首飾等劣質進口商品的馬來人越來越多，而每一個極其貧困的日本編織匠人都是藝術家，他們用植物韌皮做的東西在歐洲幾乎見不到了。

在這個地區曾經有或者現在還有一塊古老的墓碑，關於它曾經在巨港流傳著這樣一個荒誕的傳說：裡面埋葬的是亞歷山大大帝！上午大部分時間都在飯店裡寫東西。當地的監察官認識薩拉讚一家[20]，他曾在蘇拉威西島（印尼東部島嶼）待了八年，有一部分時間是在戰爭中度過。經常可以看到長得很精緻的年輕的中國人，他們有著黑色的眼睛和讓人心生好感的臉龐，據說有的中國女子很漂亮，我大概相信這一點了。如果坐在飯店的陽台上，經常會有男男女女的商販悄無聲息地出現在面前，靜靜地把他們的蕾絲織物、錦緞和象牙製品一一展放在你面前。下午在大市集裡東

⊙19 卡爾·麥（Karl May, 1842-1912），德國探險作家。——原注

⊙20 薩拉讚一家，來自巴塞爾的一家人，跟赫塞相熟。——原注

逛西看，買東西，逗留了很久，我買了一條舊的中國絲綢披巾，哈森弗拉茨幫我砍了價，從八古爾登殺到三個半古爾登。

之後，我們三個人乘一條普勞船借助於八十公里以外大海漲潮的推動力，沿一條狹長的小支流向上游行駛，一直行至河的盡頭。最初的河道略顯忙碌，人們採取各種方式用漁網捕魚，棕色皮膚、赤身裸體的孩子人頭攢動，還有許多人在河裡洗澡或者小便。之後，小房子就不見了，小支流越來越狹窄，我們靜靜地駛入一條宛如童話世界的野河道，小河完全被千枝萬杈、交織生長在一起的樹木遮蔽，像被一張大網籠罩著，樹根盤旋交錯、凸立隆起，像高蹺一般，我們全然湮沒在濕潤的綠色暮光之中。這條小河蜿蜒前行，百曲千折，河灣之處，水流凝滯，隨時都會出現令人驚異的新景象。我們頭頂上方出現了猴群，牠們因為我們的到來而憤怒，狂吼咆哮，這是一種巨大的灰色長尾動物，其中兩隻已經很老了，牠們會迅猛地越過我們的頭頂，激起樹梢的劇烈晃動，也時常蹲坐在咫尺之處，略帶敵意地盯著我們。最後聚集了大約八十到一百隻猿猴。待到我們返程時，天色已晚，航行在大河的那段路途中，只見河面小船和排筏上到處燃起炊煙，一片漁火通明。

如果中國人想要以特別尊敬的方式遞上一個玻璃杯或者一個茶杯等等，他會雙手奉上。中國人的妻子如果注重自己的名譽的話，是絕不會離開中國的。丈夫因勞務或者經商，遠到滿世界地跑，她都會待在家裡，盡她做妻子的本份，而身在異地的丈夫如果有需求的話隨時都會再找女人，再娶或者不娶。

歐洲商人在同行中特別嫌惡並迴避亞美尼亞人、阿拉伯人和日本人，認為他們都是奸邪狡詐之徒。

始終忙忙碌碌的小販划著船穿行在大河和諸多河道之上，他們兜售著冷飲：水、果汁、檸檬水等等，手中搖動的小鈴鐺發出叮噹聲，就像家鄉街巷裡賣冰淇淋的義大利小販。

在此地隨處可見吞食蚊子的粉紅色小蜥蜴，我在排筏上四面環水的小屋的牆壁上也發現了牠們。到處可見有人毫無惡意地解決內急，他們大多站在最低一級的台階上，在他近旁就有某個家庭成員正在用同一條河裡的水刷牙或者淘米。

十月十八日，星期三

清晨起床，六點一刻乘坐「愛麗絲號」啟程，到處都有人洗澡。集市的貨運船載著魚和螃蟹。小商小販乘坐迷你小船穿梭在排筏上的小屋之間，兜售著不值錢的家具和祈禱用的小冊子。這裡的女人走路時扭動著臀部，使勁甩胳膊，與爪哇女人相比，她們的身材通常更纖巧、更輕盈。

我們的船先裝載上了大批木頭，然後沿奧甘河而上；船上有七個男服務生。（馬來人在偷懶耍滑、閒逛遊蕩方面極有天賦，到處追求姑娘，這裡就有一大群遊手好閒的家伙，早晨九點我就看見他們已經擠滿了馬來大大小小的撞球廳。）雨，涼爽的天氣，美麗寧靜的林岸，寬闊的河流，岸邊到處是白鷺和閃著點點藍光的翠鳥。巨港只比海平面高大約兩公尺。從內地到這裡鋪設了幾百公里的輸油管，對在這裡流淌的原油進行精煉。到達第一個比較大的甘榜，我們迎接酋長（戴著高高的、編織精美的冠狀帽子）上船領航。美麗的樹木高大葳蕤。這裡每一個村莊都有一座小清真寺，寺的塔樓大多只用四根木柱子作支撐並在上面加蓋一個帶屋頂的小閣樓。不時會有大群的婦女和兒童為了看我們聚集在岸邊，當我們靠近時，特別是當有一副望遠鏡朝向他們的時候，所有的人都捂著臉，飛一般地逃開，可是一旦我們走遠，他們便立刻折返回來。這條河千彎百曲，流經一片平坦的土地，洪水時，方圓幾里的地方都會被淹沒。馬來人在那裡不時地種植些水稻，但是僅僅用於滿足自己的需求。豐收時，他們就賣掉富餘的大米；歉收時，他們便忍饑挨餓。偶爾有人放風箏。木薯粉、甘蔗、人心果、香蕉。許多河灣被水道切斷，我們有時候也利用這些水道航行。河岸邊當地的原始民居聚落密布，許多光著屁股的孩子，姑娘們含羞作態，天堂般的田園生活，樹木千姿百態，風光旖旎。午餐時酋長熱心地為我們一一開瓶、斟酒。許多男孩，有的划著小小的獨木舟迅速地從我們旁邊駛過，為了借著小汽輪激起的波濤衝浪，其他人則在我們近旁聽著一聲號令齊齊地跳入水中。酋長雖然是穆斯林，還是不露聲色地喝下了送給他的一瓶啤酒。沿途可見一些規模小的馬來人民居聚落，興建得格調不俗：一段木頭樓梯從河面通向入口，高大的樹木為它遮陰蔽日，入口處有一道精緻的弧線形藤條扶桿，扶桿後面便是位於香蕉樹林中的小屋。下船，尋找之前跟我們揮手的一個年輕美女，未果；我們上岸時，所有的年輕人都四散逃走，大約有二十五名男子和老人跟在我們身後。我們在下一個比較大的村莊再次停靠，沿著又高又長的台階拾級而上，酋長迎接了我們並帶我們來到當地政府的治所，也是官員們巡視時的下榻之處。為表示敬意還在對面安排了一個小型樂隊歡迎我們，樂隊中的五個男子都坐著，一人敲木鼓，兩人演奏固定在一個架子上的八個大小不同、音調各異的金屬小鼓，一個人用手拍木鼓，還有一人拍擊雙面銅鼓。這時一個舞者被帶上我們所在的宮殿敞廊，跟母親和兄弟姐妹一起坐在角落裡。隨後，她靦腆地站起身為我們獻舞，她的十根手指上都戴著鳥爪一樣長長的指套，那是一種向前彎曲的角狀銀飾，指套尖部掛在銀鏈子上的小銀鈴微微地叮噹作響。她的舞蹈主要是輕柔地扭轉擺動手臂、雙手和手指，和著節拍搖晃出叮噹聲，舞動的範圍沒有超出一平方公尺，足底緩緩輕觸地面，膝蓋略有彎曲，同時抬起一隻腳輕觸裙邊，身體保持平衡並雙腳交替。她穿著尋常的紗籠，搭配了一條鑲金的寬腰帶，腰帶前方正中是一塊又大又沉的金鑲片。回程的路上靜悄悄，灑滿陽光的金色夜晚，萬物綠意盎然，熠熠閃光，途遇許多魚鷹。普勞船造型漂亮迷人，頂篷為拱形，弧度大而優雅。爪哇木棉外形跟落葉松很像。黃昏時分駛入城區。突然起了霧，夜幕迅速降臨。

十月十九日，星期四

早晨頭疼，不太舒服，白天很炎熱。我整個早晨都待在飯店裡寫東西。天氣悶熱得厲害。下午獨自散步至內陸，紅色的街道穿過農家的院落和甘榜，我走了一個半小時，到處都是穆斯林的小墓地，還有刻著鍍金墓文的中國人的陵墓，高大的陵墓四周草木茂盛。路邊、路上到處都是漂亮馴服的家畜，一個中國人撐著寬大的遮陽傘，優雅地信步而行。為了取陰納涼，車夫在他們的雙輪小車下面綁上一個粗麻布袋，距離地面約兩公分，他們躺在裡面駕車，從拉車的公牛或者小馬的腿間探路。一頭繫著木鈴鐺的乳牛。回家歇了歇腳，晚上又跟羅伯特·施圖爾岑埃格散了一個小時的步，郊外一半是村莊，一半是簡約的別墅，返回時穿過主街，燈光下中國人擺的賭攤：賭徒大多赤裸著上身，露出黃色的皮膚，或站或蹲，銅錢滾作一堆，驟然鴉雀無聲，決定賭局的是一枚骰子，轉起來以後就拿一個鐵皮盒把它蓋住，然後再掀開。晚上在敞廊上，楊姓男子的孩子們都睡著了。大雨傾盆。

十月二十日，星期五

整個早晨一直到十二點，都在中國人的陵墓附近捉蝴蝶，頻頻被好奇的馬來人逗樂和煩擾，大約被問了二十次有關捕蝴蝶的網的問題，很多人都大聲取笑我。胖胖的瞎老頭由他的妻子用小竹棍牽著，每一次穿過馬路都有目不暇接的景象，邁步而行、蹲著、躺著、划船的人們，清真寺前聚集了成群的人，挑水的人，漁夫。施圖爾岑埃格鬱鬱寡歡。我在中國人陵墓旁灌木叢的角落裡待了兩個小時。下午同施圖爾岑埃格出行時下起了雨，令人掃興。晚上應邀去基弗先生家做客，他的小女兒為我們斟酒上菜，同她開玩笑。基弗在熱帶待了三十一年了，與家鄉相比更喜歡這裡的氣候，再不想回歐洲了。我聽這些商人高談闊論：天主教的慈善機構每年都在爪哇組織一次博奕，利潤有百分之五十，他們會發售五十萬古爾登的獎券，中獎額為二十五萬。這個國家因為得到了百分之十的稅收而感到高興，即每年五萬古爾登。現在滑稽的是，中國人涉足了這項天主教徒的慈善事務，並且接管了它。自從博奕受到歡迎，一家中國的貿易公司每年都會立刻買入所有的獎券，然後把面值十古爾登的獎券賣到十二古爾登！內格利講到了暹羅（泰國舊稱）：沒有繼續再修建從曼谷通向北部的鐵路，因為暹羅需要把所有的錢用於南邊的路段。英國鼎力支持修建這一路段，並且硬要給暹羅人提供長期貸款；這樣的話暹羅必須要修建英國認為可以用來撈錢的鐵路。然而暹羅政府在最近變得很多疑，例如說它根本沒有給予這條新鐵路沿線的土地開發權。離這裡大約三十哩遠的田野裡坐著一個名叫布倫納的瑞士人，他一直有宏偉的計畫，但是總不走運，他把一筆財產投來投去。他似乎是一個怪人。他和希澤等人並非是那種不討人喜歡的懷揣部分浪漫情懷在東方冒險的歐洲人的代表，或許是某部中篇小說裡的人物形象。我們的「馬拉斯號」郵輪原本應該星期五抵達，可是當天夜裡了還沒有到。

十月二十一日，星期六

灰濛濛的，下雨了。九點以後出了太陽，我去了捕蝴蝶的地方，受到一大群猿猴的迎接。捕蝴蝶一直捕到十二點。街上擠滿了中國人，無人不身著白衣，十二點時走來一支送葬隊伍，浩浩蕩蕩，場面宏大：男人一色白衣素裹，中間一人騎馬，吸著菸，他身穿法衣、頭戴紅帽，身分尊貴。走在前面的女人身披輕薄的白色連帽喪布，全身縞素，後面的女人則穿黑色或者深藍色服裝，所有人都撐著統一的藍黃相間的遮陽傘。隊列中有大量旗子、花圈和花瓶形狀的大燈籠，靈車則塗飾得五顏六色，鮮豔無比，兩支馬來小樂隊演奏著喧鬧、滑稽的歐洲音樂。架子上掛著金屬盤，有的被抬著，有的則放在一輛車上，最後面還有一輛人力車，裡面坐著兩個吹奏者，他們的樂器類似於帶著一個大喇叭的單簧管，但是發出的聲音像風笛。旁邊是主喪人，手持白色小旗發號施令，整個儀式聲勢浩大、震耳欲聾，不過與家鄉送葬隊伍因痛失親友而表現的莊重和無助相比也沒什麼奇怪的。羅伯特·施圖爾岑埃格送給我兩條紗籠。晚上五點鐘，我們所有人乘坐一條普勞船去到一個童話般的偏僻之處，這條船有點大，時不時地擱淺，我們遊覽了暮色之中風姿奇麗的樹根叢林，返回時天色已晚，螢火蟲閃爍著點點微光，宛如下起一場火花雨，映得樹木和空氣也熱鬧起來。我們邀請了客人七點鐘到，當我們最終回到家的時候，他們所有人已經等了一個半小時。

十月二十二日，星期日

六點半，船已經到了，它是昨夜抵達的，遲到了兩天。沒有郵件。徒步穿過齷齪並且臭氣熏天的魚市。八點前乘坐「愛麗絲號」去經常有鱷魚出沒的河灘，開槍射魚鷹，未中。游來游去的鱷魚。普拉德因村，我們在那裡逗留了一個多小時，又在酋長的帶領下參觀了一番，身後跟著一大群人。這裡的人從十二歲起就必須納稅了，單身的繳四個古爾登，結婚的繳八個。酋長帶我們參觀了他的房子，後面是女眷居住的聖地，不能參觀，寬敞的主屋建於三層平台之上，屬於真正的馬來風格，既寬敞又明亮，部分家具是歐式的，地面上鋪著漂亮的墊子。春米的老婦人，村中的小路乾淨、漂亮，村民將近有一千名。——「馬拉斯號」郵輪原本應該週六載我們啟程，現在將出發日期定在週一晚上！——乘船航行在一條平靜、狹長的支流裡，水位總是太高，將近兩點返回普拉德因村。在那裡，我們得到一條豪華的大普勞船、香蕉和一顆乾椰子，每個人另有一個青椰子當飲料，還有雞蛋，於是我們在船上吃了飯。接下來就是捕獵鱷魚，我們看見了三條，但是沒等我們找到時機開槍，全都消失得無影無蹤了。疲憊不堪地返回。

十月二十三日，星期一

整個上午都在捕蝴蝶的地方。今天我們就要離開了。天氣非常炎熱。下午打點行裝一直到四點。晚上跟施圖爾岑埃格最後逛了一趟巨港，情緒低落到近乎崩潰。當我們在晚上九點過後乘坐小船駛向「馬拉斯號」郵輪時，我已經汗流浹背了一整天，身心俱疲，累得半死。送上兩支雪茄當作禮物便免去了海關重新檢查我們行李的麻煩。當我們到達目的地時，夜空漆黑一片，我們屏氣凝神地摸索著在水面上踏過一條條陌生的小船，登上郵輪，船上還在裝載貨物，見過船長及其妻子，船上的瑞士人來探訪，喝啤酒。蒸汽管旁邊的船艙熱得像火烤一般，幾乎看不到室外（艙口比一塊懷錶的錶盤大不了多少）。

半裸的苦力在運輸藤條的小船上仰面睡著。十點鐘突降暴雨，一直下了幾個小時，耽誤了載貨。我們所有人都疲憊不堪，坐在上層甲板上簡陋的遮雨棚裡，抽著雪茄提神，雨點打在棚外劈里啪啦直響，輪船上響徹著裝載吊車運轉的轟鳴聲。整夜都在裝載貨物。這艘德國製造的郵輪船艙裡有電燈和電扇，但是早就壞了，不得不湊合著使用散發出惡臭的小石油燈。這是到目前為止全部旅行中最糟糕的一夜：疲憊、炎熱、惡臭、噪音、房間促狹、缺乏舒適性。我們也意識到，已經五天沒有洗澡了，因為在巨港由於水的原因洗不了。我在甲板上一直待到一點多，然後在桑拿房一般的船艙裡躺到將近清晨六點，頭頂上方有人走來走去，咚咚直響，四面八方都是噪音、喧鬧、喊叫和惡臭。

十月二十四日，星期二

「馬拉斯號」原本應該在星期六晚上啟程，後來推遲到昨天晚上，可是現在還安然地停在那裡，慢吞吞地裝載著藤條。此外，還裝載了其他貨物，如硬木和棉花。潮濕、灰白的早晨，睡了僅僅一個小時都不到。夜裡我又有很長時間聽一個裝載貨物的苦力用年輕的聲音喊著口令，「一二三四」，極富個人的旋律。現在我們在船上或坐或站，又累又餓。從六點起，我就在抽雪茄，在灰濛濛的晨光中看著面前我們還沒有離開的巨港城。當地破敗不堪的製冰廠一再響起汽笛聲，這個廠子常常幾個星期都沒有冰塊供應，卻每天、每個小時都用響亮的汽笛聲提醒人們，它還存在著。

我平日多次見到歐洲人因為一些瑣碎之事呼喊他的僕人，當一個歐洲人如此這般把他的中國僕人從睡夢中喚醒時，不尋常的是，應著這聲「服務生」（這是一位嚴厲，但是善意的長者發出的微弱的呼喚聲，似乎中國人並非總是更加聰明），睡夢中的僕人變得惶恐不安，他抖了抖肩膀，眼皮抽動著，同時睜開眼睛，一臉困倦，然而恭順殷勤地應聲答道：「先生！」

我用冷水沖了個澡，全身上下徹底打了肥皂，暫時神清氣爽。船上載了許多不同種類的猿猴，都關在籠子裡；此外船長夫婦養了一條黃毛、長腿、長著疥癬的中國狗，還有六隻小貓。我陷入絕望，早晨八點便開始喝一瓶波爾多葡萄酒。船上還有船長養在籠子裡的十隻鳥以及他收藏的大量郵票。吃飯時傳遞著一支鉛筆，每個人都要用它給自己的餐巾標上記號。十一點鐘，船終於起航了。所有人都很疲倦，安靜下來。快五點時我們抵達入海口，深藍色大海中船的對面便是邦加島。我去看了好多趟猿猴，牠們給我解了悶兒。晚飯時，船長一家變得興致勃勃，邀請我們喝葡萄牙波特酒，然後用他們的大留聲機放了一整晚唱片。夜裡睡在悶熱的船艙裡。

十月二十五日，星期三

六點半起床，沒有下雨。早晨的咖啡很好喝。洗澡。美好的清晨。藍色壯麗的大海中出現一座座山巒起伏的小島。我們再一次靠近這麼一大片群島，來這裡的途中，我們穿越的是杜里安海峽，這次走的是盧基海峽。穿行在這許多島嶼之間，風光旖旎，下午抵達新加坡。船上除了這些猿猴等動物以外還有兩隻犰狳、一隻小美洲豹和一頭豪豬，中國的船員在島上以便宜的價格買了這些動物，又把牠們高價賣到新加坡。離別時船長夫人又放響留聲機，當我們在港口坐上一條舢板船離開時，她使勁朝我們揮手。拖著疲憊的身體到達飯店。終於來郵件了！黃昏時跟施圖爾岑埃格一起沿著海濱大道散步，遛達著穿過諧街，我們曾在那裡逛過中國人、日本人和印度人的店鋪。這次我對新加坡的好感多了許多，我們住在萊佛士飯店，雖然貴，但是條件很好，不過這裡的飯菜很糟糕。晚餐後，一個十一歲的中國女孩陪我們消遣了很久，她身穿黑褲子、藍色襯衫，留著長長的美麗的麻花辮，瀏海長及眼睛，她在街頭兜售玩具，做這個買賣已經六年了，並且以此養活自己和四個家人：一個聰明、能幹的小孩，可以應付任何討價還價和開各種玩笑。商店裡有各種各樣的寶貝，讓人目不暇接。我已經買過一些小玩意兒和畫片了。晚上打開行李，寫東西，這家氣勢恢宏的大飯店隔音方面做得極其糟糕，大得出奇的走廊和樓梯間裡咚咚作響，像敲鼓一樣。吃了佛羅若入睡。

十月二十六日，星期四

七點過後才起床，昏昏沉沉，疲憊，四周全是噪音。寫信。跟祖爾和勃蘭特愉快地共進午餐。祖爾講起了曼谷的事情：那裡舉行了一場穆斯林的集會，以表明對義土戰爭⊙21的態度。人們決定，不管用什麼方法都要幫助信仰相同的土耳其人，其中一人建議，寄錢給他們。立刻有三四個有錢人站起身來，表示願意每人捐一千提卡。但是又有一個新演說者起立，激情澎湃地說道，在這件神聖的事情上，錢根本不管用，只有真主能夠幫助他們——前面的發言者隨即衷心地表示贊同，又收回了他們要捐錢的話，心裡鬆了一口氣。

⊙21始於一九一一年的義土戰爭，土耳其則稱為的黎波里戰爭。這是義大利王國與鄂圖曼帝國間的戰爭，一九一二年在洛桑附近簽訂和平條約，由此落下帷幕，根據該條約土耳其將它在北非最後的領土的黎波里和昔蘭尼加割讓給義大利。——原注晚上五點以後坐車去植物園，暮色漸沉，空中掛著日漸豐滿的鐮刀月，漂亮宜居的小平房別墅顯現在一片公園般的富人區中。一片片密密麻麻的小樹林，夜色中像極了剪影，拜訪祖爾，去他那兒喝烈酒。在漂亮的鄉村別墅的外面，見到兩個孩子，一個嬰兒和一個可愛有趣的三歲小男孩，他只會說英語。像往常一樣伴著音樂在飯店裡吃夜宵，服務生們一身白衣，領班則一身黑色。鄰桌一個歡快的酒鬼逗得我們每一個人哈哈大笑，他甩掉一隻漆皮皮鞋，又用腳把鞋鉤回來……他是一名英國的行政官員，在這兒有幾年了，幾乎每個晚上都這麼醉醺醺地坐在他面前這張飯店的小桌旁。乘車去德國人開的俱樂部蘇格蘭酒吧，我們在那裡玩一種英式保齡球直到十一點多，器材是十個球瓶和若干又大又沉的球。我們玩得大汗淋漓，累得不行。

十月二十七日，星期五

很晚起床，昨天已是筋疲力盡。白天很暖和。乘坐電車和人力車去郊遊，一望無際的椰林，裡面有甘榜和歐洲人的住房，美麗的海灘。中國人苦力大多穿著藍色麻布褲子，一條褲管長長地垂下來，另一條捲到膝蓋。人力車上坐著年輕漂亮的中國女子。在新加坡俱樂部午餐，喝萊茵河流域的葡萄酒精心調製的波列酒，之後去買了些畫片，全都貴得離譜。下雨。因為晚上在新加坡的市政廳觀看一場中國的雜技表演，所以穿上了黑色禮服，很熱。不過觀眾很少，幾乎沒有歐洲人，都是大嗓門的中國人，尤其是中國女子，其中幾個人大腹便便，傲慢得很。一個徒有其表的混血兒坐在鋼琴前為演出伴奏，彈得一無是處。雜技演員中有四個是孩子，他們的表演既精彩又穩妥，只有模仿歐洲馬戲團小丑的節目是失敗的，這種幽默不適合中國人。最精彩的以及還算很好看的節目是：韓平成的小魔術，他在桌子底下變出一個大玻璃碟子，上面放著滿滿七杯水，還有骰子戲法以及用五個銀環變的有趣的把戲，這五個環忽而變成一個，忽而彼此連成一串，同時還配合著表情，滑稽幽默，熱情洋溢，展露出真正的中國式笑容。接著，韓慶文展示了平衡技巧，腳頂大瓷瓶，姜欽舉則把一種雙戟舞得行雲流水一般，讓它旋轉著從胳膊、頭、後背上方飛來飛去。接下來同樣是姜欽舉表演的轉碟，一共四個小瓷碟，用杆子頂著碟底，讓它們旋轉起來，小個子的韓璉青表演踩高蹺。舞台和布景很低俗，有的服裝很漂亮。

十月二十八日，星期六

天氣潮濕、悶熱，清晨下著雨。上午徒步閒逛到十一點，在城裡買了些小東西。中午跟那位瑞士老人吃飯，然後跟他一起參觀了博物館（蝴蝶博物館！）並且坐車兜風，晚上跟哈森弗拉茨去買東西，吃完晚飯，我們所有人又來到了明星劇院。這次的演員沒有那個身穿黑衣的女丑角，而是一個壓根沒有創造性，不過的確很滑稽的男丑，此外儘管服裝和舞台布景是新的，一切依然很拙劣，中間表演了一段段的馬來歌曲。夜裡，我們一眾人等要了五輛人力車，車夫飛奔了半個多小時才抵達北德意志—勞埃德公司的郵輪停靠處，瑞士老人（貝比爾）要乘這艘船繼續旅行。一路途經夜生活如火如荼的華人區，大街小巷裡成百上千家商鋪燈火通明，這裡的房屋一部分也是四層樓。我們在船上喝了瓶葡萄酒，夜裡一點返回。

十月二十九日，星期日

昨天晚上，在我們飯店石砌的大廳舉行溜冰的活動，可是我們沒有看到。之後，當我們一點以後回到飯店時，還有幾個略有醉意的英國年輕人以足球運動員的野蠻在大廳裡橫衝直撞，把可憐的賣明信片的小販懷中抱著的展示箱撞翻在地，摔成碎片，他們喊叫著、嬉鬧著，像豬一樣你推我、我打你，折騰了大半夜。上午我們作為勃蘭特的客人，乘火車去柔佛，途中我們在火車上遇到了佩爾蒂萊，他高興地跟我們打招呼。我祝賀他發表了那篇關於義大利和戰爭的文章，他講述了他的青年時代，他父親是一位著名的義大利法律史學家，帕多瓦大學裡矗立著他的半身像。我們的車從他的橡膠園旁駛過，我們約好明天在俱樂部見，他隨後下了車。搭輪渡跨越海峽來到柔佛，天空下起了雨，不過所有人都興致勃勃，這種情緒持續了一整天。火車上，特別是後來在跳板上，熱鬧非凡，果然是星期天，郊遊度假者甚多，一車又一車擠得滿滿的中國人前去賭博，其中還有許多妓女和老鴇，所有人都穿著黑衣，頭髮烏黑油亮，頭上經常戴著金首飾，有些人抱著身穿白衫的小男孩，都是些機靈並且因早熟而驕傲自大的頑童，這樣的小孩有許多，我前一天在戲院就頗覺有趣地觀察過兩個（頂多十二歲）男孩的行為舉止。我們在舒適整潔的柔佛飯店下車，喝了杯雞尾酒，然後去了一家賭場，看見中國男人和他們的老婆一言不發、緊張激動地擠在賭桌周圍。我們也玩了起來，每個人都輸了些錢，我輸了幾美元，施圖爾岑埃格卻輸了大約三十五美元。中午在飯店吃飯，餐廳裡還坐著蘇丹和他的隨從，此人又高又胖，身材像路德維希·托馬，黑色髭鬚，身著卡其布軍服。獲得許可開設賭場的人每月必須支付他六萬美元，他還有更優渥的財源，他是最早的橡膠園園主之一。飯後我們去郵局買了當地的郵票，並且加蓋了郵戳。下午逛了三家賭場，裡面吵得我耳邊嗡嗡作響，如同在蜂箱裡一般，晚上坐車沿著海岸兜風，海邊有軍樂演奏（還有歌劇《羅恩格林》[22]），然後穿過好多花園來到新建的清真寺，清真寺儘管建得很奢華，但是只有用於沐浴的前室才稱得上漂亮。我們必須脫了鞋才能進入寺內和頂樓觀景台參觀。之後我們勉強趕上最後一班船，不得不在超載嚴重的火車的最後一節車廂的踏板上站著返回新加坡。晚上四個人在飯店裡打桌球。英國人的星期天：吃飯時沒有音樂，糟糕的飲食。

⦿ 22《羅恩格林》（*Lohengrin*, 1850），是德國作曲家華格納創作的一部三幕浪漫歌劇。——譯注

十月三十日，星期一

上午走錯了路，圍著植物園捕蝴蝶（植物園叫作 Kubon bunga，意思是花園）。美好的白日裡，天氣炎熱。在俱樂部跟佩爾蒂萊和施圖爾岑埃格共進午餐，佩爾蒂萊一再表現得親切，討人喜歡，他是聰穎並且有修養的義大利人的原型，雖然空話連篇，但是用詞巧妙文雅。我跟施圖爾岑埃格在華人區從四點逛到六點，看到一家音樂聲震耳欲聾的華人木偶劇院，還有店鋪、廚房、售貨攤和作坊。中國人總是帶著一臉的投入、謹慎和耐心讓理髮師幫他們梳理烏黑漂亮的長頭髮並編成辮子，或者給他們刮頭。晚上有點累，飯後打了一會兒撞球，很早就入睡了。

十月三十一日，星期二

陽光明媚，熱浪灼人。上午就近在華人區閒逛，這裡的人們忙碌不休，同時卻很安靜，不時地讓人想起義大利，但是這裡更為活躍，同時沒有幼稚的吼叫聲；在義大利每一個賣火柴的小男孩都要用這樣的喊聲叫賣他們手裡那不值錢的東西。可惜我跟這裡的人幾乎無法交流，了解得很少。我原本想從一名馬來的街頭小販手中買一本《古蘭經》，可是他又把這本小冊子從我手裡拿走，給多少錢都不賣了。有時我會看到中國的印刷匠在街邊把字刻到一塊塊小木板上，動作極其迅速、準確和靈活，但是我尋遍各個地方，花多少錢都買不到一張校樣（名片、人事廣告、商業廣告等等），連圖片也買不到。我看到一排寵物商店，那裡買得到活的猿猴、小松鼠，最主要是出售成百上千隻鸚鵡、蜂鳥、鶴鶉和其他鳥類。一名中國男子正在讓人給他的整個後背刮痧。這些中國人的眼睛毫無例外都是棕色的。鎖匠、鐵匠、篾匠、廚子，還有扛著帶小火爐的擔子走街串巷賣小吃的小販，一個完整的圓滿世界，這個世界不需要我們。酷熱難耐。中午突然下起了雨。勃蘭特來吃飯，之後我跟他去了他的商行，施圖爾岑埃格在那裡畫畫，我看到一大堆的珍珠貝，它們是在日本、菲律賓等地附近的海域捕撈到的，被中國人賣到這裡。勃蘭特陪我出門，幫我購買畫作和笛子等物，我們去了供奉著上千座神佛雕塑的中國寺廟，寺廟中到處都有殿門可入。我甚至買了幾支神聖的小籤，當然有點買貴了。廟中也售賣贖罪平安符等物。這些小籤插在神壇上各種不同的花瓶裡，信徒取出後用它來交換一種贖罪平安符。寺廟中的雕像和浮雕既漂亮又怪異，還有兩個水池用於供養神龜。四點半回到飯店，五點以後跟施圖爾岑埃格外出購物：印章、印章的樣張、金胸針、銅骰子，這種骰子不那麼容易買到。因為去過柔佛賭博，所以我買了這個骰子：在數字上下賭注，如果猜中點數就會得到三倍的錢，如果投注的數字位於該點數的對角線，會得到雙倍的錢。骰子擲出的紅色數字即為贏得這一局的數字，同時贏的還有它對角線上的數字。

晚上我本想跟施圖爾岑埃格兄弟倆去明星劇院看戲，但是那裡沒有新節目上演，我們便折返回來，去了阿蘭布拉電影院，十一點以後回飯店，原想上床睡覺，哈森弗拉茨來了。因為這是跟他在一起的最後一個晚上，於是我們一起喝了杯威士忌，然後三個人又乘車逛了華人街。每一次像這樣在夜裡坐車或者步行穿過華人的街區，感覺都很不錯。中國人的妓院看上去很漂亮，似乎只做黃種人的生意，中國妓女也只是跟我們打個招呼並且邀請一下。做白人生意的妓院坐落在其他的街道，裡面有日本妓女。順便說一下，據說妓院的房租很高，這些房屋大多數屬於（葡萄牙或者法國的）傳教士。

十一月一日，星期三

天氣炎熱。清晨因為服務生以及衣服被偷等事大為光火並發生了爭吵。因為跟著富有的施圖爾岑埃格兄弟倆一起旅行，我不得不到處花錢。上午沒有北德意志—勞埃德公司的郵輪，十一點半約了在俱樂部見，哈森弗拉茨跟我們辭行，他親切開朗、討人喜歡，我不想忘記他。喝了三杯雞尾酒，氣氛變得滑稽起來。

新加坡的獨特之處：一、華人街；二、寬闊的海濱大道，兩側樹木高大，清涼的海風，可以眺望到海面上近百艘的郵輪。上午，郵輪背後總是飄蕩著美麗明亮的塔狀積雲；三、夜裡山頂上斷斷續續閃爍著的強光信號燈；四、市政廳塔樓的大鐘發出的四聲調的奏鳴；五、乘坐人力車，辛勤的車夫很愛笑，令人心生好感。乘車時看著他們赤裸的古銅色脊背，汗滴逐漸從頸部開始像珠子一樣滾落，直到最終整個寬闊的後背在淋漓的汗水中閃閃發光。所有的人力車夫都有著強健、肌肉發達的雙腿和後背，胳膊相對而言要瘦弱很多。天熱的時候他們只穿一種藍色麻布或者棉布縫製的寬鬆短褲。

中午幾個小時烈日炎炎，吃飯後我休息到四點，洗了澡，然後坐車去植物園，在那裡散步。大門前有一個車夫，一輛笨重的兩輪運貨牛車緩慢地從人力車旁邊駛過，撞斷了支在地上的轅桿的前端，車夫吼叫著向那輛車追過去，抓住車尾，試圖讓它停下來。見到之前的行為沒有奏效，他便從車上拽下一個沉沉的口袋，此前一直無動於衷的牛車車夫立刻把車停住，掉轉頭，於是談判開始了。晚上應邀去祖爾家做客。我們租了三輛人力車，七點半到了他家門外，叫人力車夫等著我們，他們耐心、滿足地待在那裡，也不收取等候的費用，一直守在花園前等到十一點。跟祖爾一家度過了愉快的晚上，深夜返回飯店，一路愉快，經過怡人的花園和公園，天空被涼爽的夜風滌蕩一新，半月清明，星光熠熠，獵戶座奇異地傾斜著高懸在空中。十二點一刻回到飯店睡覺。

十一月二日，星期四

天色尚早，就已經很熱了，我步行去諧街，街道像火烤一樣，我買了各種各樣的東西，沿著壯觀的林蔭大道散步回來。海面上空的天際線又一次堆滿了高高的、明亮的塔狀積雲。上午在飯店讀書寫作。將近一點時狂風驟起，大雨傾盆。下午我將大箱子逐個打包。將近五點去散步，奇妙的雲，十分鐘後一場暴雨突如其來，我躲到俱樂部喝了杯威士忌。然後整晚都獨自一人坐著，疲倦，煩悶。

十一月三日，星期五

我們的郵輪應該週一中午出發。我上午在祖爾家附近捉蝴蝶。天氣悶熱，下了幾場雨，短暫的雷雨。下午讀書、購物，孤零零地在俱樂部喝雞尾酒。

晚上施圖爾岑埃格在飯店裡大肆宴客，豐盛的晚餐，來了將近二十個客人，開懷痛飲，縱情狂歡。之後，我們三人在花街柳巷逛到夜裡三點，一個暴跳如雷的英國人滋事打架，有許多俄國妓女。

十一月四日，星期六

宿醉難受。看病。跟施圖爾岑埃格一起作為祖爾一家的客人在飯店共進午餐。糟糕的白天，晚上去了中國戲院，比檳榔嶼的劇院更加地道和老派，演員是一個藍衫女子和幾個身著黃黑傳統服裝、留著頗顯古風的寬闊鬍鬚的男子，音樂華麗精巧，像響板一樣的木鼓擊打的節奏層次分明。每當兩個年輕的中國朋友或者兄弟手拉手走在街上的時候，街道總會顯得文雅、親切。穿過華人街區，在小商鋪裡稍買了點東西，其中有我花了十生丁買的一把梳子，最初的要價是五十生丁。華人俱樂部位於轉角一棟房屋頂樓，音樂聲很大，很好聽，極有特色並且熱情奔放，曲調似乎單一，但是充滿了細微差異，始終帶著強烈的節奏感。飯店裡又是溜冰之夜，一直到十二點。

十一月五日，星期日

睡眠正常，品質並沒有提高。施圖爾岑埃格兄弟倆去郊遊，我待在飯店裡收拾行李。現在我至少已經在一定程度上學會收拾行李了，因為我再沒有把這事托付給服務生。下午跟施圖爾岑埃格打撞球，然後我們去商行接了羅伯特，乘車去古董店和舊貨店林立的北橋路，倘若箱子裡還有空、口袋裡還有錢，我也想在那裡買些東西。漂亮的飾品，墜著一條條凸眼睛的黃金小魚的金鏈子等等。在飯店裡碰到了船長馬爾歇，之後坐汽車去祖爾家，跟他辭行。我們不得不等了半個小時，直到祖爾太太回來，她面帶難以掩飾的惱怒，我突然注意到她的前臂和手腕並不好看，而且有點奇怪。返回飯店時天色已晚，月光下穿過植物園和美麗的公園般的市郊，一路愉快。晚飯時經理穆勒寫給我幾句馬來諺語，他在這兒已經三年了，能說會道。此外，他告訴我說，在這兒待了幾年的飯店經理回到歐洲以後找不到立足之地，因為在這裡必須習慣於睜一眼閉一眼，如果有五件事弄清楚了，就得有一百件事裝作看不見。

十一月六日，星期一

今天我們就應該出發了，我要跟新加坡和中南半島告別了。清晨和施圖爾岑埃格有些不愉快。快十點時我獨自搭車去坐船，向船長、船醫和乘務員一一問候，內側船艙很寬敞，但是很熱。佩爾蒂萊、祖爾一家和勃蘭特等人也上了船。十二點半，郵輪伴著音樂起航了。到處都是美麗的海灣和島嶼。下午在船醫處，他展示了從日本買的所有物品。來自檳榔嶼的祖爾也同行。再次乘坐這艘熟悉的郵輪，感覺很不錯。晚上跟船醫及其活潑的同僚們一起擲骰子。

十一月七日，星期二

清晨下著雨。七點鐘洗澡。駛過一座座山巒起伏的島嶼。下午駛入檳榔嶼，從成千上萬隻大水母中間穿過。我在檳榔嶼下了船，擺渡的蒸汽小船裡擠滿了人。在隆隆的雷聲和劈里啪啦的陣雨聲中到達港口，在房屋裡躲雨。晚上六點在郵輪出發前，許多檳榔嶼人開始登船，吸菸室裡隆重的送別儀式被預示著即將起航的汽笛聲突然打斷。我們的郵輪駛入夜色之中。晚上的天空變得亮堂堂的，幾乎已是滿月。吃了佛羅若睡覺。

十一月八日，星期三

行至蘇門答臘這座巨大島嶼的北端，我們曾在這附近待了五到六個星期。海面開闊起來，遠處雨雲高懸，天氣暖和。我們擲骰子賭啤酒、葡萄酒、烈酒和香菸，簡直像學生一樣快活。我們三次同大海中的漩渦擦身而過。傍晚時打舍費爾球。

十一月九日，星期四

據說在幾乎平靜的大海中，那樣的漩渦是很少見的，我們的老船長在這些年裡只遇到過一次，它們似乎產生於潮起潮落的相互擠壓。全體船員中有一名普通船員曾經是海軍中尉，他是巴伐利亞人。在同行的乘客中有一位埃隆先生，大約四十五歲，他是一位富可敵國的柏林人的兒子。年紀尚輕的時候，埃隆先生在蒙地卡羅輸掉了家產，如今在日本當語言老師已經很久了，他也是日本王子的老師，會說很多種語言，人很聰明，而且彬彬有禮，但是酒量很大。四五個年輕的醫生一直在擲骰子，講著有關醫生的笑話，一時聽著有趣，聽久了便心生厭煩。

十一月十日，星期五

又一次幾乎整整三天眼前只有大海。對於不開心並且疲憊的人來說，長時間在海上旅行是件艱難的事情。何時我能學會耐心？何時我能找到平靜和滿足？今天，抑鬱緊緊包圍著我，黑色幽默和各種葡萄酒都難以撕開一個小洞，讓我喘息上幾刻鐘。

十一月十一日，星期六

吃了強效安眠藥，睡得很沉。出人意料，剛過八點我們就提前到達了可倫坡，告別郵輪。天氣酷熱，上午的時間都耗在海關了。行李送錯了飯店，因此憤憤不已。我覺得可倫坡很漂亮，對於那驚濤拍岸的棕櫚海灘和許多密密麻麻盤旋在大街小巷的烏鴉也已經習以為常了。布里斯托爾飯店，住得體面卻很貴（每天十盧比）。晚飯後我們在飯店前觀看魔術師的表演，用蛇和貓鼬等動物為道具演出的一個個稀鬆平常的節目。其中好看的是用一根有彈性的棍子頂著一個盤子旋轉，棍子像蛇一樣彎曲，盤子在旋轉的同時還可以保持平衡。下午雷雨突至，大雨傾盆。五點鐘我坐車去碼頭，其他人隨後也到了，我們為祖爾、羅森鮑姆和我們的郵輪送行。步行穿過一座座破舊的房屋，為了看僧伽羅的姑娘，我們晚上坐車前往風月場所，先是去了一家歐洲妓院，立刻就離開了，然後進了一家簡陋的、真正的妓院。我們想看僧伽羅的舞蹈，十五盧比就可以讓六個姑娘赤身裸體為我們跳舞，但是她們並不太會跳舞，這些姑娘年紀在十六七歲，幾乎都會說一些英語，唱歌時略帶鼻音，面露微笑。表演完我們便離開，隨後去了一家僧伽羅戲院，它的風格跟那家馬來戲院一樣，甚至更惡俗。樂隊包括一架外形細長、音域達三個半的八度磨損了的風琴，一把吉他和一個漂亮的當地手鼓。這齣感傷的戲時常因個別演員的插科打諢而中斷，歌唱很糟糕。

十一月十二日，星期日

一早起床。已經五點了，天還是漆黑一片，大家向窗外張望，看到許多寒鴉。昨天一整天我都沒有擺脫船上搖搖晃晃的感覺和船員走路的那種姿態，現在好多了。

六點半我乘車去火車站，在門房的幫助下，雖然溝通有些困難，還是搞定了車票和行李，一切發生得如此不可思議，到處都有人跟我搭訕，想要告訴我必須要注意哪些事情，並且最後想要一些錢。火車很漂亮，有餐車，我幾乎獨自一人坐在頭等車廂裡。早餐是在火車上吃的。發車前來了一名身穿制服的列車員，詢問是否一切正常，建議我坐在右側，因為窗外的景色很漂亮，然後解釋說，我不會再見到他了，所以希望能給他點小費。美麗的旅途，先是一路平坦，穿過了沼澤地和稻田。古銅色肌膚的男子趕著牛踏入一條紅棕色的河流，藍色的遠山。從肥沃得流油的峽谷中升起層巒疊嶂的群山，有的森林密布，線條柔美；有的巉崖嶙峋，陡峭峻美。溪流遍野，許多都用於水稻的灌溉，這些水田就像無數小池塘層層疊疊連成一片，這裡看得到最嚴謹、最有趣的梯田種植。小河上樹幹作橋。烏鴉經常飛到公牛和水牛的脊背上。十一點半到達康提，乘車去佛羅倫薩別墅飯店，隨即對那裡感到很失望。預留給我的房間很破舊，隔壁房間有嬰兒哭鬧，不久我便要求換一間房。一旦找到更好的飯店，我就搬走。我一放下行李，便開始去尋找，終於在豪華大氣的皇后飯店找到一間房，此前我曾不想住在這家飯店。那裡在緊鄰康提湖和寺廟的地方有一座巨大的青銅騎士紀念碑。到處都是鬱鬱蔥蔥的樹木，大樹上還盛開著巨大的火紅花朵。兩點鐘我返回原飯店用午餐，跟一家英國人同桌，吃飯時一言不發，不過飯菜出奇地好吃，以至於我差點為自己的決定感到後悔了。但是飯後孩子們又吵吵嚷嚷著在我的房門前嬉鬧。浴室雖不乾淨，倒也沒什麼。可惜啊，若非如此，這家小飯店還是很舒適的，它坐落在一個種植著各式各樣樹木的大花園裡，環境優美，而且服務生的服務也周到親切。下午，我徒步繞過湖泊，來到小城裡，買了些明信片，張張風光旖旎、景色迷人，讓茵特拉肯[23]相形見絀。可惜從中午開始又幾乎不停歇地下起了雨。僧伽羅人大多身材高大瘦削，不管男女頭上都滑稽地插著一把高高的梳子，梳子頂部呈角狀、向前彎曲。時常可以見到有人咀嚼荖葉，露出紅色的牙齒，所有人的皮膚都黝黑發亮，有著青銅一樣的光澤，他們的身材大多很好。女子面容姣好，細胳膊細腿，服裝通常很糟糕。

傍晚又外出散步，洗了個熱水澡。晚風從高大的樹木間呼嘯而過，沙沙作響。晚飯前服務生鄭重其事地帶個消息給我，說一位女士會跟我同桌吃飯。我以為這是一種暗示，不情願地穿上了晚禮服。但是既沒有女士，也沒有安安靜靜的晚餐值得這樣精心準備。晚飯後我終於找到了經理，他今天，也就是星期天休息，我坦率地告訴他，我明天要換飯店以及為什麼換。他態度親和、彬彬有禮，讓我差點又一次為

⊙23茵特拉肯（Interlaken），瑞士中部城鎮，位於少女峰山腳下，以四季風景醉人著稱。——譯注

自己的決定後悔。倘若我在皇后飯店也覺得自己上當了，以後一定這麼處理：至少在裡面住滿二十四小時，再考慮換飯店。服務生把這裡的每一個人都稱作主人，也會稱作先生。這裡乞討的人相當多，我在海峽殖民地時竟絲毫沒有察覺到。今天晚上有一個小姑娘在她的小屋前跟我打招呼，我剛一回應並朝她微笑，她就朝我跑過來，喊道：「Money！」

十一月十三日，星期一

一夜好覺，睡到淩晨三點多，突然覺得身體極為不適，渾身發抖著醒來，突然感到噁心，腹瀉嚴重。我一直在臥房和廁所之間來回往返，先是伴著月光，之後有大雨聲相陪，一直折騰到上午八點。然後喝完茶，收拾好行李，我帶著全部家當搬到了另一家飯店，在那裡躺了一個上午，還是一再受到腹瀉侵擾。一點鐘，我冒著腹瀉的危險吃了兩顆雞蛋，喝了點紅葡萄酒，去印度人居住的街區逛了半個小時。那裡的人們都有些墮落，不過性情溫和，通常比較親切，禁欲者一般的面容很漂亮，目光嚴肅，頭髮很好，即使最繁華的街道也很安靜。我看見一個人或許是喝醉了，大聲吵嚷著，一個當地的警察過來把他押走了，一言一行都帶著一種令人吃驚的緘默和溫厚。以前在涼爽的雨天我都要穿暖和一些，可是現在，在這蒸籠一般悶熱的天氣裡，我還是止不住地流汗。我一天中絕大部分時間都躺在床上，從比洛[24]的書中挑幾篇古老的西班牙語小說讀一讀。傍晚時分，我又出去遛達了一個半小時，被賣蝴蝶的小販和乞討的男孩糾纏不休，不過也得到了消遣。我向山下走去，穿過長長的馬拉巴爾大街，街道兩側都是本地人的房屋和窩棚、理髮師和小商販、上學的青少年和孩童以及美麗的姑娘。樹上開滿了白色的大花，形狀像高腳杯，是寺廟中供奉給佛陀的那種白花。在這裡，當地人中也有一些年輕的「風雅之士」和衣著滑稽、愛好打扮的人，頭戴小草帽，紮著休閒領帶。讓我覺得難堪和羞愧的是，我接觸過的當地人中幾乎所有人的英語都比我說得好。我回到飯店剛剛喝上茶，雨又下了起來。奇怪的是，我帶著大藥箱跑了半個世界，只用上了奎寧，我急需鴉片的這個時候，卻把它放在箱子底部寄存在可倫坡了。晚上，當我打聽哪裡有藥房的時候，藥房已經關門了。我突然聽見飯店隔壁的房間裡有人說著瑞士德語，於是過去打招

⊙24愛德華・凡・比洛（Karl Eduard von Bülow, 1803-1853），德國作家，編寫出版了一套四卷的中篇小說集，包括了西班牙語、義大利語和法語的小說。——原注

呼，此人是從東非來的瑞士化學家，雖然沒有鴉片，但是親切熱情，可惜他只在這裡待一天。他的朋友，一個蘇黎世人，有鉍劑，給了我一些。我們一起吃飯，在大廳坐到九點多。

十一月十四日，星期二

睡到夜裡兩點，又開始腹瀉。七點以後起床，四處尋找藥房，但是沒有處方我買不到鴉片，取而代之買了滿滿一瓶神祕的紅棕色藥水，希望會有效。我繞著湖遛達了一個小時，那個狡猾的賣蝴蝶的小販[25]又發現了我，他知道所有蝴蝶的拉丁文名稱，我花了八盧比跟他買了蝴蝶，還買了一些照片，因為我自己拍的照片並不完全。快中午的時候，施圖爾岑埃格兄弟倆到了，我又得到了鴉片製劑，隨即服用了一粒。下午在採石場和水庫附近散步，看到幾隻蝴蝶。今天我已經買過他蝴蝶的那個小販一刻不停地追隨著我，在這裡散步是一種痛苦，每隔三公尺就會遇到乞丐、馬車夫

⊙25參閱〈印度蝴蝶〉（九九頁）篇章。——原注

等人，父母們也會不懷好意地笑著派他們的多名子女過來討錢，這裡竟沒有片刻可以獨自待著，尋不到絲毫安靜。晚上打撞球。

十一月十五日，星期三

七點起床，跟羅伯特．施圖爾岑埃格散步兩個小時，山頂美麗的林間小道，遠處風光秀麗，景色宜人，我們還看到一條長約兩公尺半的大蛇。回程途中，我們誤入總督或者其他某個高等官員的私家花園，幸好山下的大門敞開著，當我們從裡面走出來時，發現門口站著兩個士兵，其中一名軍士下令持槍致敬，我們像將軍一樣從行禮的衛兵中間走過。天氣悶熱，下了幾場雨。建築工人在飯店前有節奏地歌唱。傍晚去捉蝴蝶，沒有收穫。下雨。在飯店裡最後一次跟維克托．休斯買了蝴蝶。下午時，又腹瀉不止，我一口飯都沒吃，晚上服用了羅伯特．施圖爾岑埃格的方子，一杯將白蘭地和波爾多酒按照一比一的比例兌在一起的調酒，然後上床睡覺。

這裡常見一種低矮的含羞草，野草一樣覆蓋著大片大片的土地，用手或者手杖一碰，葉子就會閉上。閉闔速度極快，只需用手杖觸碰幾下，一平方公尺的土地即刻就會發生變化，形狀、光影和顏色都不同了。

十一月十六日，星期四

因為禁食，身體有些虛弱。清晨我們搭人力車去佩勒代尼耶，途經當地人聚居的城郊，穿過一條長長的街道和一座村莊。然後我們在面積很大、美不勝收的植物園度過了整個早晨：空中飛著不計其數、黑壓壓一片的狐蝠，高大的竹子大約有二十二公尺高，搖曳生姿，林蔭路兩旁種植著貝葉，天氣一再細雨濛濛，雨停時則潮濕悶熱。車站有救世軍的成員，旁邊是茶葉和可可種植園。十一點半乘火車返回。中午我斗膽吃了點飯，喝了幾口紅葡萄酒，三點到五點半間，獨自在那條美麗的山頂小路散步，眺望遠處棕櫚樹遍布的山谷和烏雲籠罩的峰巒，我在山頂的石凳上坐了很久，思考著我的旅程和回家之路。憂傷的夜晚，沒有吃晚餐，早早上床睡覺。

十一月十七日，星期五

清晨又腹瀉。我們本想坐汽車，可是沒有車，於是我自己跑去戶外捉了三個半小時的蝴蝶，疲憊不堪地返回，飯後上床睡覺。晚上六點半參觀寺廟，遊覽了二十分鐘，花費約二十馬克，寺廟中密密麻麻的全是嚮導、極其恭順的香客、僧侶、乞丐和呈遞在面前的捐錢用缽盂，在這裡可以向佛陀贖買自己的罪過。神祕的穿廊，在昏暗的燭光中沿著樓梯上下往復，四處都彌漫著寺中白花甜蜜的香氣，在跳動的微弱燭光中幾乎什麼都看不到，因此這裡給人以到處都是祕密的這個神祕的總體印象，禱告者、乞丐、卑劣的僧侶、佛牙舍利、繪畫和雕塑，木雕上刻滿花紋，大量銀器、黃金和象牙，在旁邊一座寺廟裡有一尊長達十八呎的臥佛，寺廟內的佛像大多由木頭、金屬或者雪花石膏雕刻而成，唯有一尊佛像是用一整塊晶瑩明澈的水晶雕琢的！

我付了大約二十五次小費，因為我把錢都給光了，最後參觀的那個寺廟的僕役還陪我回了飯店，我得回去取錢給他。晚上節食，喝紅葡萄酒，寂寞，無從慰藉。

十一月十八日，星期六

上午十點半至十二點乘車出行，馬哈韋利河河谷一隅，風光旖旎：忽而，山崖間現出層巒起伏、連綿不絕的群山，宛如一條狹窄洶湧的大河；忽而，碎石遍地的田野上方岩脈縱橫，寬闊而雜亂，中間有無數小島一樣的巨石和大樹。雨幾乎未曾停歇，天氣相當涼爽，我對於預料中的努瓦勒埃利耶的寒冷天氣開始感到有些擔心了。我看到一株開花的貝葉棕（此樹一生只開一次花，然後就會死去）：粗壯的樹幹上方，開滿白色鮮花的樹枝結成巨大的樹冠，枝條懸垂，宛如一把大傘。下午乘坐人力車，穿過馬拉巴爾大街一路下行，道路陡峭顛簸，奔至河畔，山崖河岸怪石嶙峋，水流湍急。坐渡船到對岸，步行前往錫蘭最古老的石窟寺。寺前建築極為無趣，寺內只點了幾支蠟燭，光線很差，岩洞最深處是一尊巨大的臥佛，四十二呎長，花崗岩雕刻而成，塗有彩繪，很壯觀。內壁四周和洞頂全部繪有壁畫，場景源於佛教傳說，部分壁畫非常漂亮。雨一直在下。渡河回家。

十一月十九日，星期日

雨一直下。身體狀況稍有好轉，不敢再吃東西。因為下雨，也因為羅伯特·施圖爾岑埃格不舒服，決定今天不去努瓦勒埃利耶旅行了。就像此前乖乖聽從命令收拾行李一樣，我聽話地又一次打開了行李。吃飯時我被禁止喝湯。下午羅伯特·施圖爾岑埃格又病了，不停嘔吐、痢疾腹瀉，狀態堪憂，我們所有人都病了，筋疲力盡，外面沒完沒了地下雨，只有等這個星期過去，船才會出發。我今天一整天都待在我的木頭房間裡，坐一會兒，躺一會兒。向漢斯·施圖爾岑埃格借了一本撕破了的雷克拉姆出版社出版的艾克曼[26]的《歌德談話錄》袖珍本，啟迪人心、暢談文化的場

⊙26 艾克曼（J.P. Eckermann, 1792-1854），歌德晚年的助手，輯錄整理了《歌德談話錄》（1836）一書。——原注

景似乎是在對我訴說，突然讓我得到安慰和警醒。啊，能學會忍耐和開朗該多好！中午我外出了一刻鐘，又去看那棵正在開花的貝葉棕，巨大的花冠約有兩公尺多。

下午以及晚上又多次腹瀉。

十一月二十日，星期一

清晨五點又腹瀉。七天以來我一直服用鴉片製劑、紅葡萄酒和鉍劑，沒有任何療效。決定出行。於是我們十點以後出發，天氣很好，有一段時間陽光明媚，坐了六個半小時的火車，在叢山中攀爬穿行。寬闊的綠色山谷，望得見遼闊的藍色遠方，一座座鬱鬱蔥蔥、樹木茂密的山峰，間或有零星的岩石山壁，到處都是茶葉種植園，時而會看到採茶的男女工人在裡面勞作。跌宕起伏的山脈河流，峽谷中的小溪和瀑布。最後一個小時轉乘一小段顛簸不已的窄軌鐵路。我們在五點鐘到達努瓦勒埃利耶，天氣涼爽，我覺得有點冷，在大廳裡圍著火爐喝茶。糟糕的房間，隔壁有嬰兒哭鬧。飯店的經理是德國人，不過德語說得磕磕絆絆。夜間蓋了兩床羊毛毯。

十一月二十一日，星期二

清晨天氣涼爽。從早上八點半到中午一點，我獨自攀登皮杜魯塔拉格勒山。返回途中去了山谷，陽光燦爛，有許許多多大蝴蝶。下午在黃金地段附近閒逛，渾身倦乏。腹瀉好了許多。

十一月二十二日，星期三

整個上午都獨自外出，沿拉馬伯達山隘而上徒步行走了一小時，這是一條美麗蜿蜒的山隘大道。到處盛開著白色馬蹄蓮，千枝萬朵，成團成簇，茶園。山頂景色秀麗，俯瞰努瓦勒埃利耶的山谷，遠眺對面則是更美麗、更壯觀的深藍色山脈。捕蝴蝶到一點鐘。下午疲憊不已。在一條小道上發現了一大片盛開的三色堇，芳美怡人。

十一月二十三日，星期四

昨天吃了佛羅若，效果很好，我早晨五點才因為又一次突發腹瀉而醒來，儘管如此，我還能睡著，踏踏實實睡到八點半。雖然上午陽光明媚，我幾乎所有的時間都待在飯店的花園裡，直到一點多鐘，捉了將近四十隻蝴蝶，這是我最後一次捕捉蝴蝶，也是整個旅行中收穫最大的一次。

下午乘坐人力車環湖而行，途中遇到採茶的姑娘，趴在母親背上光著身子、戴著銀飾的孩子。晚上跟羅伯特．施圖爾岑埃格一起散步，他講了許多和進出口、國際貿易有關的事情。星期六夜裡，我們的「約克號」郵輪就要起航了，我們打算明天一早返回可倫坡。我很高興，在錫蘭這段時間屢屢不順，總在生病，這個陰霾終於被今天一天的美好時光一掃而盡。現在當真是要回家了。

十一月二十四日，星期五

陰冷的雨天，收拾行裝，八點鐘乘車去可倫坡，整個大地都籠罩在濛濛霧雨之中，我冷得瑟瑟發抖。我們坐了九個小時的火車穿越這片土地直抵炎熱的可倫坡，旅途非常愉快。途中見到一頭水牛拴在河的中央，水稻梯田。到達高爾菲斯飯店時疲憊不堪。又一次突發嚴重的腹瀉，以至於連晚餐也不能吃。晚上去帝國電影院看電影。

十一月二十五日，星期六

涼爽的一天，早晨去博物館。下午登上「約克號」郵輪，我的船艙是內艙房，又小又簡陋，難以想像如何在裡面睡覺。在船上收到了家裡寄來的郵件，有些已是兩個月以前的來信了，其中一封是韋爾蒂太太[27]的訃文！夜裡十二點起航。現在該忍受漫長回家路的煎熬了！

十一月二十六日，星期日

七點鐘起床，鍛練身體。浴室開放時間中好的時段已經被訂滿了。下午再次腹瀉。進一步熟識了從曼谷來的萊烏托爾德[28]，他就是安德烈埃[29]和鮑曼介紹我認識的那個人，此行去蘇黎世跟他的未婚妻施普雷歇女士舉行婚禮。我們又一次行駛在永恆的深藍色大海上，我始終獨自待在甲板的向陽面，那裡很熱，因而沒人去。同來的時

⊙27韋爾蒂太太，是跟赫塞交好的畫家阿爾貝特．韋爾蒂的夫人。——原注

⊙28弗里茨．萊烏托爾德，後來和他的妻子都成了赫塞最親密的朋友圈。——原注

⊙29福爾克馬爾．安德烈埃，赫塞的朋友，作曲家、指揮以及蘇黎世音樂學院的院長。——原注

候相比，我表面依舊，內心卻如此不同。

十一月二十七日，星期一

晨練。找船醫看病。甲板上，我所在的一側風很大，幾乎無法看書。海浪並不是很洶湧，但是這艘郵輪載重量不大，所以晃動得厲害，已經有人暈船了。萊烏托爾德避開作家邦森[30]的飯局，跟我們一起吃飯。我只能吃點流食，任何酒都不可以喝，長時間的腹瀉還引發了難受的膀胱炎。夕陽西下後美麗的傍晚：烈烈大風迎面吹來，黑色的大海，天際線還是淺綠色，略微帶著玫瑰紅，一輪明亮的鐮刀月懸掛在藍黑色的高空。

⊙30瑪麗·馮·邦森（Marie von Bunsen, 1860-1941），生於倫敦的德國作家，除了小說創作，還發表了大量傳記和遊記。——原注

十一月二十八日，星期二

風力減弱，天氣涼爽，時而層雲密布。打舍費爾球。晚上北方有一片雲很像藍色的山脈，連綿不絕，起伏有致。稍有痛感。

十一月二十九日，星期三

寫完了給父親、豪斯曼、韋爾蒂、朗根和菲舍爾[31]的信。我們的郵輪上有一位乘客是北德意志—勞埃德公司的船長，他駕駛的輪船（「澳洲號」）擱淺了，此後他便厄運連連，這會兒被召回，正在返家途中，等待他的將是一紙解雇書。此人五官端正，紅臉，灰色的大鬍鬚，只要跟大家在一起，便裝出快樂的樣子。今天，作家邦森同我攀談，她曾去過日本、中國和印度。晚上舉辦了小型的甲板舞會。

⊙31 政治家康拉德．豪斯曼，他跟赫塞交好，同時也是《三月》雜誌的撰稿人；畫家阿爾貝特．韋爾蒂；出版商阿爾貝特．朗根以及薩穆埃爾．菲舍爾。——原注

十一月三十日，星期四

近中午時分，索科特拉島出現在視野中，我們這次是從它的北邊駛過，距離它很近，途中看到一艘昨天擱淺在那裡的船隻。索科特拉島山巒峻峭，突岩陡立，荒涼而美麗，一瀉而下的白色沙岸在陽光下熠熠發光。船上玩遊戲，進行比賽，結識弗羅伊登貝格領事。從上海過來的醫生克里格夫婦很友善，他們帶著孩子一起回家，克里格夫人帶我去下面的行李艙欣賞了許多美麗的中國刺繡和織品。

十二月一日，星期五

六天來一直嚴格控制飲食並配合吃藥，現在身體好多了。我們踏上回家之旅已經整整一週，很快就會將印度洋拋在身後。今天清晨一隻燕子飛到船上，明天早上就會到達亞丁。比賽還在繼續，時時讀書、擲骰子。天又熱了起來。傍晚時分，右方是阿拉伯的山脈。壯觀的日落，瑰麗的火燒雲。克里格夫人送給我中國的畫片。

十二月二日，星期六

迷人的亞丁，清晨五點剛過，輪船停泊靠岸，響起的汽笛聲驚醒了我，我走出船艙，天還黑著，但是已經泛起一抹綠色的曦光，亞丁的山崖和對面更加險峻的山脈在逐漸明亮的晨光中揭開了面紗，近前是一片臨時搭建的簡陋房屋，遠處是商販雲集的廣場。我們一直躺到九點半，我從那些棕色皮膚、一口漂亮牙齒的小販那裡買了各式各樣的東西。普羅瓦策克醫生送我一條從南太平洋買來的用韌皮纖維編織的腰帶，並且給我看他的紗籠和蛇皮。船尾出現鯊魚。駛出亞丁灣，一路景色迷人，光禿禿的岩石山脈在炙熱陽光照耀下顯得荒涼峻峭，兀立的幾塊又細又尖的山石宛如牙齒一般，一片片白色沙漠閃爍著黃金一樣的光澤，某一片沙漠上，在那毫無生氣、荒涼的不毛之地竟矗立著一座村莊！來自施蘭貝格的施瓦本人溫克邀請我和克里格夫婦去參加他的生日慶祝會，喝香檳。之後是枕頭大戰，遊戲中，我曾保持全勝戰績，不過很快也輸了。無比美妙的一天，只是天氣有些炎熱，愉快地駛過曼德海峽。有趣的是，克里格醫生和他太太是兄妹：他的父親帶著幾個兒子又娶了一個寡婦，這個寡婦本身也有一個女兒，這個女兒跟其中一個剛剛走出第一段婚姻的兒子結了婚。迷人的傍晚，遠方阿拉伯的山脈呈現出玫瑰一樣的粉色，落日西沉，阿比西尼亞的後方霞光四射，猶如巨大的扇子懸掛在天際，堪比那絢麗的北極光。

十二月三日，星期日

天氣相當炎熱。清晨跟萊烏托爾德在甲板上散步，走了很久，我向他打聽暹羅的事情。從馬尼拉來的女子詢問伯爾尼的情況。炎熱的下午！

十二月四日，星期一

陰雲密布，風向掉轉，天氣驟變，涼爽了許多。我取出保暖的衣物。晚上，醫生們跟弗羅伊登貝格拿著一齣啞劇的劇本大綱來找我。晚上，我第一次在船上跟大家一起正式吃飯，心中還有些許擔憂，胃口不佳。

十二月五日，星期二

今天或許是最後一天穿上購置於熱帶的薄西裝，早晨天氣已經涼了。萊烏托爾德因為開羅的事發了封電報，施圖爾岑埃格為新的比賽做準備練習。讀完吉卜林[32]的小說《基姆》，整部作品結構精巧、文字優美，內容跌宕起伏，以印第安人小說和偵探小說的方式頌揚了這場間諜活動！

⊙32吉卜林（Rudyard Kipling，1865-1936），英國小說家、諾貝爾文學獎得主。《基姆》（*Kim*，1901）是吉卜林以印度為題的長篇作品。——原注

十二月六日，星期三

天氣越來越涼，始終是逆風而行，風力強勁，下午時分我們開始冷得發抖。此次行程與開羅毫無關係。傍晚時分，海岸線浮現出來，可惜我們是夜間穿越迷人的蘇伊士灣。美麗的非洲群山，夕陽徐徐湮沒在山後，西奈山遙遠而清冷。晚上克里格太太唱起舒曼的歌曲。晚上圓月當空，非洲的海岸格外迷人：夜色中，陡峭的山峰像鋸齒一樣直插天空，山海之間一片片廣袤的沙漠，在溫暖的黃色月光下，閃爍著奇異的光芒。

十二月七日，星期四

凌晨，氣溫僅有列式十二度至十三度[33]，所有人都覺得冷，似乎已近寒冷時節。到達蘇伊士的時候，清晨六點不到，我走上甲板：非洲大陸上方天色仍暗，群山之上，

⊙33約攝氏十五至十六度。——編注

月亮高掛在冷冽的藍色夜空，對岸阿拉伯的大地，晨曦微露，將天空染成玫瑰色。背陰之處以及有風的時候，天氣仍然很涼，今天是個豔陽高照的日子，黃色的沙漠熠熠閃光，沙漠中除了駱駝，還有藍色的湖泊。在這個地方已經有了身在北方的感覺，和在家鄉差不多，因為人們已經在心存感激地追尋短短幾天前還避之不及的太陽了，我今天第一次又穿上了在歐洲穿的衣服。瑰麗壯美的日落，餘暉將那萬千細雲潑灑得火燒一般，這廂殘陽似火，餘暉燦燦，那廂一輪巨大的圓月已從沙漠上方冉冉升起。我們停在原處久久未動，讓其他船隻通行。農家的男孩並排從旁邊跑過，一路乞討。駱駝一動不動地站著，留下清晰的剪影，火堆旁一戶人家支起了夜間的帳篷。寒冷的夜晚。和醫生們聊天，其中的埃貝肯醫生昨天曾把他的詩寫下拿給我看。這是在東方的最後一晚，明天夜裡我們就已經遠遠地駛入地中海了。

美好的夜晚。將近十點鐘，我拖著疲憊的身子上床睡覺，這時胃疼又犯了。十二點到達塞得港時，我剛剛才睡著。我又起了床，讓人把我送上岸，獨自一人步入這座少有的醜陋的城市，隨著我們的抵達，城中的商鋪和咖啡館立刻亮起了燈，向我們敞開大門。我在西蒙·阿爾茨的店鋪裡買了大馬士革的黃銅物件，在這裡碰到了弗羅伊登貝格、魏斯弗洛格和船上的其他乘客，於是我們結伴而行。一個上了點歲數的騙子帶我們遊覽城市，也就是去逛妓院，我們三人參觀了一番，跟別處沒什麼不同，我以後再也不會想在這樣一些地方看到一些有趣的東西了。唯一讓我感覺有趣的便是觀察這些同伴中花花公子的一舉一動。快三點時，我就厭倦了，獨自離開，穿過這座怪誕的城市，來到港口，三點以後再次上床睡覺，可是整夜郵輪都在裝煤。

十二月八日，星期五

疲倦不堪，早晨七點，我又一次起來，沒有睡著。告別從紐西蘭過來的英國老先生和他的夫人。九點以後郵輪駛出塞得港，從乏味無趣的雷賽布[34]旁邊經過。關於的黎波里戰事的不可靠的報導。莫澤太太向我展示一幅很大的中國古代刺繡。我換到一間大船艙。昨晚岸上還暖和，現在海上又變涼了，非洲的海岸逐漸遠去。

⊙34雷賽布，負責主持蘇伊士運河開鑿的法國實業家斐迪南·德·雷賽布（Ferdinand Marie Vicomte de Lesseps）的紀念碑。——原注

十二月九日，星期六

清晨很涼爽，然後出了太陽。晚上我們就該經過科提爾了。一週以後我就會回到家中。胃痛。中午我跟弗羅伊登貝格去找船長，參觀他的房間，感受一下如何掌舵，船長估計，我們今天夜裡十二點無線電將會接收到發自埃姆登附近的諾德代希的電報，也就是從二九二六公里以外的地方發出的電報。讀凱勒的《潘克拉茨》[35]。我旁邊躺著正在生病的莫澤太太，她來自漢肯斯比特爾，剛剛從中國革命[36]的烈火和槍林彈雨中逃離出來。晚上船長講了很多有趣的故事，又把我帶去他的房間，給我倒了半杯用金酒和苦艾酒調成的雞尾酒。天氣涼爽，有風，波浪起伏的海面。可惜，穿越墨西拿海峽的時候正是陰冷的黑夜，狂風暴雨，輪船晃動得厲害，有人暈船。

我們船上有兩名來自爪哇的穆斯林在蘇伊士下船，他們是馬來穆斯林的代表，要去就地了解土耳其戰爭並在那裡為有著共同信仰的穆斯林兄弟做些事情。看著這幾日白天越來越短，而且陰霾重重，我竟心生恐懼，不過我已經喜歡上了海上航行，幾乎感覺不到旅途的疲頓了。

⊙35 中篇小說《愛生氣的潘克拉茨》，是瑞士作家戈特弗里德·凱勒（Gottfried Keller, 1819-1890）中篇小說集《塞爾德維拉人》中的第一篇。——原注

⊙36 中國革命，指一九一一年的辛亥革命。——原注

十二月十日，星期日

清晨我們已經駛過斯通波利島，大風淩厲，海面波濤起伏，可是不下雨了。十一點時，卡布里島已映入眼簾。上午跟稍有幾分暈船的弗羅伊登貝格一起研討那部有關葬禮的滑稽啞劇。我站了大概兩個小時，大部分時間獨自一人在刺骨的風中站在上甲板的前部，眺望著波濤洶湧的大海。一點鐘過後駛入海灣，從阿馬爾菲、卡布里島和索倫托旁駛過，蔚藍的天空下，岩石海岸奇麗多彩。三點鐘到達那不勒斯，簡單清點完畢便親切有禮地辦理了檢疫手續。收到米婭從巴塞爾寄來的信。維蘇威火山在清涼的日光下巍峨壯麗。將近四點半我們才能登陸，港口有大量的士兵，其中有許多英俊的狙擊手和其他部隊的官兵，他們要乘船去非洲參戰。大部分士兵看上去神情嚴肅、面露不安。

我們租了輛車，穿梭在皇宮周圍一條條美麗、雅致的街道，先到貝利尼劇院，買了六點鐘演出的門票，四個人花費十二法郎訂了一個包廂。接著去吃簡單美味的義大利晚餐，還點了基安蒂酒，隨後去了劇院。演出的劇目是威爾第的《命運之力》[37]，歌劇中有關戰爭的段落聽起來富有現實意義。格調高雅、激情澎湃的威爾第音樂、

⊙37《命運之力》（*La forza del destino*），四幕歌劇，由皮亞韋（Francesco Maria Piave）負責編劇、以及威爾第（Giuseppe Fortunino Francesco Verdi）譜曲。——原注

華麗的配備、環境舒適的劇院、高大出色的男高音。之後又去吃飯，喝葡萄酒，接著喝咖啡，午夜時分才返回船上。正當我要投寄明信片的時候，一個老人用手指戳了一下郵筒的鐵皮蓋，為此向我索要兩個索爾多。

十二月十一日，星期一

今天是海上航行的最後一天，天氣涼爽，陰雲密布，大海再次平靜下來。打舍費爾球。傍晚時分狂風驟起，許多人暈船。在吸菸室跟萊烏托爾德、克里格一家等人喝酒告別。輪船顛簸得如此劇烈，使得我從椅子上跌落下來一次。

十二月十二日，星期二

早晨八點抵達熱那亞。

旅行詩

1 面對非洲

有家鄉真好，
甜蜜地安睡在自家的屋檐之下，
孩子、花園和狗做伴。可是你，
結束前次的漂泊，剛剛尋得片刻安憩，
遠方又在用新的誘惑召喚。
最好莫過思鄉苦，
繁星高照的夜空下孑然佇立
沉浸於對鄉愁的渴望。

財產和閒逸只能屬於
心境平和的人。
漂泊者卻在總是落空的希望中
背負著疲頓和旅途的艱辛。
所有漂泊的痛苦，的確更易承載，
易於在家鄉的山谷求得安寧，
家鄉那喜樂憂愁的小圈子裡，
只有智者懂得構築幸福。
在我，最好是一直追尋而永不找到，
莫讓身邊事物把我緊緊溫暖地捆縛。
因為我，即使幸福，在這世上
也只能是匆匆過客，永遠無法成為公民。

2 紅海的夜晚

一陣毒風顫抖著
從灼熱的沙漠飄來，
波瀾不驚的大海守候著暗夜，
無數的海鷗急急匆匆
陪伴我們穿越這洞開的地獄。
電光無力地撕扯天際，
甘霖何曾施善於這片被詛咒的大地。

可是對面空中，孤單地
飄蕩著一片祥雲，明朗，歡快；
那是上帝為我們而安放，
讓我們得以忍受這世間的孤寂
不致久久絕望。

我永不願遺忘那無垠的荒漠
以及在這地球最熱之處遇到的蒸人地獄；
那片微笑著飄蕩在空中的雲，
對恰值人生正午的我，感到透不過氣的抑鬱不安
越襲越近的我，應是些許昭慰。

3 抵達錫蘭

岸邊高大的棕櫚樹，
波光粼粼的大海和船上赤裸的水手，
古老神聖的大地，
在年輕的太陽那熊熊烈焰之中永恆地燃燒！
藍色的群山消失在雲遮霧繞的縹緲仙境，
峰頂光芒四射，在驕陽下勉露真顏。
海岸用目眩耳鳴迎接我的到來：

奇樹異木威嚴地直刺天際，
烈日炎炎下房屋搖曳生姿，
鼎沸人聲響徹熠熠生輝的街巷。

我心懷感激，目光溜入擁擠的人流——
無盡的海上航行終換得這甜蜜的回報！
長途跋涉令人心醉神迷，如沐極樂，
我的心因喜悅而愈緊，宛如因愛跳動。

4 船艙之夜

大海敲打著艙壁，
夜色染藍了圓形的小窗，
捲著沙漠的氣息吹入熱浪。
我已是第十次醒來，
靜靜地躺在無聲無息的酷熱之中
再也尋不得安眠。
輪船如同狂跳的心臟，
喘著熱氣，隆隆向前，

它擺脫不掉那無名的痛楚，竭力前進，
毫無意義地穿行在遠方，永遠如新的遠方。

啊，誰的心不像水晶那般
剔透、堅硬和璀璨，
就無法在這樣的房間安然而眠，
對家鄉的思念和憂心忡忡總是如影隨形，
無休無止的愛滾滾而來。
讓他心生自憐；
萬物都如惡魔般憤怒地注視著他，
正因他心懷此敵
並且從未能擺脫。

5 原始森林中的河

它流經森林已過千載，
看著赤身裸體的棕種人
用木頭和蘆席搭起的小屋顯現又消失。
它那棕色的河水掀起暖暖波濤，
捲走樹葉、枝枒和黑黝黝的林中汙泥，
在直射如火的烈日下沸騰。

老虎和大象踏著夜色而來，
吵嚷著洗盡一身的悶熱難耐，
歡愉至深處，咆哮聲響徹叢林。
岸邊，笨重的鱷魚爬行在混濁的淤泥潭和蘆葦蕩，
沙沙作響，一如千萬年前；野豹受到驚嚇，
敏捷地踏著蘆葦匆匆逃跑。

我在這裡度過了寧靜的白日，在林中
蘆席搭的小屋和輕巧的獨木舟裡，
鮮有塵世的聲響
喚醒沉睡的記憶。
可是晚間，當那夜色懷著敵意
迅速逼近，我站在岸邊細細傾聽，
不知何時，不知何處傳來
迷路的聲音。

深夜中有人在歌唱

那是漁夫和獵戶，

乘坐著輕便小船途遇暮色。

深深的恐懼讓他們如孩子般心力疲憊。

他們害怕黑暗，害怕鱷魚，

害怕深夜裡飄蕩在黑水之上的

亡者的魂靈。

那是陌生的歌曲，我不懂隻言片語，

然而在我聽來，與家鄉萊茵河畔、內卡河畔

漁夫或少女吟唱的晚歌並無不同：

我充滿恐懼，滿懷思念，

這人跡罕至的森林和異國的黑色河流對我有如故鄉，

因為有人存在的地方，全都一樣，

膽怯的教徒靠近他們的神祇時，

都是唱著歌驅趕對夜的恐懼。

返回小屋，在它微不足道的庇護中睡下，
四周是森林和暗夜
以及清脆尖銳、單調刺耳的蟬鳴，
睡意終將我虜獲，
月亮用清冷的微光撫慰這驚恐不安的世界。

6

佩萊昂

閃電劃亮夜幕，
黑夜在白光中顫抖，
在森林、河流的上空，還有我蒼白的臉上，
閃耀著狂野、迷亂、刺眼的光。
我憑竹而立，清涼的竹子，
目不轉睛地注視著
被雨水鞭打、白茫茫一片
渴求安寧的大地。
在我遙遠的青春年少時，

快樂的歡呼總是伴隨閃亮的電光驚徹
雨前昏暗陰霾的天空，
並不是萬物都空蕩，
也不是萬物都乏味、黯淡，
還有雷雨迸發，
以及祕密和奇異景觀隨著這些寂寥的日子
燃盡成空。
我深深地呼吸，傾聽雷聲滾滾，
感覺到暴風雨在髮間灑下潮濕，
轉瞬間變得老虎般清醒，
我歡喜，有如年少時那般歡喜，
自年少以來未曾有過的歡喜。

7 馬來群島

每一個夜晚，家鄉都在近旁，
似乎這就是我的家鄉，
就在我因憧憬而洋溢著喜悅的眼前。
可是我還要久久逗留在旅途，
在這偏僻的群島上，炎炎烈日
須將我的心安撫平復，
如同輕搖任性的孩子
唱著歌謠哄他安寧。

可我的心一再倔強，
難以平靜安詳，
肆意、柔弱宛如孩童。

8

新加坡華人節日之夜

在這節日的夜晚，
燈燭搖曳，他們安然地蹲在
結彩的陽台上，
吟唱著早已作古的詩人的詩歌，
愉快地聆聽琵琶聲琤琤瑽瑽
少女也為之睜大了雙眼，愈加眉目顧盼。

音樂穿透沒有星光的黑夜，
聲聲清脆，宛如大蜻蜓振翅飛鳴。
棕色的眼睛藏不住笑意，洋溢著無聲的幸福——
人人，無不眼含微笑。
陽台下方，無數燈光恰似明亮的眼睛，
流光溢彩的城市守候在海畔，徹夜無眠。

9 夜

夜間，大海將我輕輕搖曳，
蒼白的星光
蕩漾在海面遼闊的波濤上，
我放下
一切的世事和所有的愛
靜靜佇立著，只是獨自在呼吸，
獨自聽憑大海的晃擺，
無數光點在安靜、冰冷的海面熠熠閃爍。

於是我不由得想起我的友人，
將目光投向他們的眼簾，
獨自逐一悄然詢問：
「你還是我的朋友嗎？
我的悲傷對你也是悲傷？死亡也是死亡？
你是否覺得，我的愛和我的苦
不過是一縷清風、一聲迴響？」

大海平靜地注視著，緘默著，
微笑著：不。
那裡傳來隻字的問候和答覆。

10

可倫坡城外

炎熱的白天漸漸消逝在綠色的晚光中，
輪船在驚濤駭浪中平靜地行駛、泊靠。
如此安靜並且一如既往地穿行在這個世界，
如此不為所動地在戰爭和暗夜中觀望，
是我旅行的目的，然而我並未學到。
等待中，我轉身面朝家鄉，
滿懷對殘酷生活的好奇，

準備迎接新時代的變化交替。

安寧與星空不屬於我，
我是波濤，是搖擺的扁舟，
因內心深處的每一場風暴激動不安，
因每一絲表情感動神傷。
就這樣，直到遠方的回歸線
我才找回冷靜，告別這場
承載一切舊日漫遊嚮往的旅行，我踏上歸途，
充滿對生活苦與樂的渴望，
打算投入新的比賽、新的戰爭，
義無反顧地逃離所有的冒險。
我是地球兒女，不是那些星辰的孩子，
不安的是我的意識，它隨清風飄蕩，
伴大海搖擺，被風暴喚醒

得陽光安慰，因黑夜震驚。
即使我在生命的熱望中無數次
祈求智慧，力尋安寧，
我的命運卻始終著了魔一般緊貼著塵世的標籤，
我將和我的母親一樣，永遠永遠。

11 絕望

史前的世界，已無路折返。
沒有繁星似錦，
森林、河流和大海
何以安慰、福佑心靈。

樹木、河水、動物
又如何企及內心；
於你，那心中的安慰，
獨有覓自同類之人。

Voyage 001

新加坡之夢：及一段漫漫東方行旅

作　　者　赫曼・赫塞（Hermann Hesse）
譯　　者　張芸、孟薇
責任編輯　席　芬
副總編輯　劉憶韶
總 編 輯　席　芬
社　　長　郭重興
發行人兼出版總監　曾大福
出 版 者　自由之丘文創事業／遠足文化事業股份有限公司
Email: freedomhill@bookrep.com.tw
發　　行　遠足文化事業股份有限公司
231 新北市新店區民權路 108-2 號 9 樓
電　　話　02 2218 1417　傳真 02 8667 1065
劃撥帳號　19504465　戶名：遠足文化事業股份有限公司
封面設計　羅心梅
印　　製　前進彩藝有限公司
法律顧問　華洋法律事務所 蘇文生律師
定　　價　320 元
初版一刷　2018 年 7 月

ISBN 978-986-96180-6-9　Printed in Taiwan

國家圖書館出版品預行編目 (CIP) 資料

新加坡之夢：及一段漫漫東方行旅 / 赫曼·赫塞 (Hermann Hesse) 著 ; 張芸、孟薇 譯 .-- 初版 . -- 新北市 : 自由之丘文創 , 遠足文化 , 2018.07
面； 公分 . -- (Voyage ; 1)

譯自 : Aus Indien

ISBN 978-986-96180-6-9(平裝)
1. 遊記 2. 亞洲

730.9 107009218